全国船舶工业职业教育教学指导委员会"十三五"重点规划教材

U0292863

船舶电机与电气控制系统

主　编　付　君　贾小平

副主编　刘大伟

主　审　于风卫

哈尔滨工程大学出版社

Harbin Engineering University Press

内容简介

本书是与企业合作开发的校企合作教材,以完成一个个工作任务为主线,在完成工作任务的过程中,由浅入深地介绍了"船舶电机与电气控制系统"课程所要求掌握的知识点和技能点,重点突出了技术应用和工程实践能力的培养,适合于"理实"一体化教学。全书共15个项目,包括直流电机的应用与维护,变压器的应用与维护,三相异步电动机的应用与维护,同步电机的应用与维护,控制电机的应用,电动机控制系统的安装与调试,电动机启动、制动、调速控制系统的安装与调试等内容。

本书既可以用于"理实"一体化教学,也可用于指导学生实训、课程设计、毕业设计,可作为高职院校轮机工程专业、船舶工程技术专业、船舶电子电气等相关专业的教材,也可供工程技术人员参考使用。

图书在版编目(CIP)数据

船舶电机与电气控制系统/付君,贾小平主编. —哈尔滨:哈尔滨工程大学出版社,2020.1
ISBN 978 - 7 - 5661 - 2271 - 1

Ⅰ.①船… Ⅱ.①付… ②贾… Ⅲ.①船舶 - 电机②船舶 - 电气控制系统 Ⅳ.①U665

中国版本图书馆 CIP 数据核字(2020)第 021758 号

选题策划 史大伟 薛 力
责任编辑 张植朴 刘海霞
封面设计 李海波

出版发行 哈尔滨工程大学出版社
社 址 哈尔滨市南岗区南通大街 145 号
邮政编码 150001
发行电话 0451 - 82519328
传 真 0451 - 82519699
经 销 新华书店
印 刷 哈尔滨市石桥印务有限公司
开 本 787 mm × 1 092 mm 1/16
印 张 11
字 数 280 千字
版 次 2020 年 1 月第 1 版
印 次 2020 年 1 月第 1 次印刷
定 价 30. 00 元
http://www.hrbeupress.com
E-mail:heupress@ hrbeu. edu. cn

船舶行指委"十三五"规划教材编委会

编委会主任:李国安

编委会委员:(按姓氏笔画排名)

马希才	王　宇	石开林	吕金华	向　阳
刘屈钱	关业伟	孙自力	孙增华	苏志东
杜金印	李军利	李海波	杨文林	吴志亚
何昌伟	张　玲	张丽华	陈　彬	金湖庭
郑学贵	赵明安	柴敬平	徐立华	徐得志
殷　侠	翁石光	高　靖	唐永刚	戚晓霞
蒋祖星	曾志伟	谢　荣	蔡厚平	滕　强

前　言

本书是根据高等职业教育中对船舶工程技术专业学员在电气方面的知识、能力和操作的要求,为高职船舶工程技术专业编写的电机及自动控制方面的教材。本书包括船舶电机、电力拖动及船舶自动控制等有关的主要内容,在编写过程中注重以就业为导向,以能力为本位,面向市场,面向社会,体现了职业教育的特色,满足了高素质的实用型、技能型船舶技术类专业高等职业人才培养的需要。本书在理论上以够用为度;在原理及线路分析上,重在培养学员的独立分析问题和解决问题的能力;在实践操作方面,尽量结合南通中远船务工程有限公司的船型,同时考虑到船员的特点,力求简明扼要,便于自学。

本书可作为高等职业院校船舶机电相关专业教学用书,也可以作为相关行业工程技术人员的参考书和培训教材。

本书由青岛远洋船员职业学院付君副教授和贾小平副教授主编。其中,项目3、4由青岛远洋船员职业学院刘大伟工程师编写;项目5、6由青岛远洋船员职业学院贾小平副教授编写;项目11、13由青岛港湾职业技术学院管成程副教授编写;其余由付君副教授编写。南通中远船务工程有限公司范云飞在本书的编写过程中给予了大量的指导和帮助,于风卫教授对全书进行了认真的审阅,在此表示诚挚的谢意。

本书内容涉及面广,由于编者的水平及实践经历的局限性,书中难免有错误之处,恳请读者批评指正。

编　者

2019 年 10 月

目　　录

项目1 直流电机的应用与维护

知识目标

- 直流电机的结构；
- 直流电机的励磁方式；
- 直流发电机的空载特性；
- 直流电动机的机械特性。

能力目标

- 掌握直流电机的工作原理；
- 能正确使用直流电机；
- 掌握直流发电机的运行特性；
- 掌握直流电动机的基本方程式。

任务1.1 直流电机的工作原理

【任务导入】

直流电机是电机的主要类型之一，在近代工业中曾是一种很重要的电机。一台直流电机既可作为直流发电机使用，也可作为直流电动机使用。作为电动机使用，它有一种很优良的性能，就是调速设备简单，调速性能好，启动、制动转矩大且过载能力强，因此被广泛应用于电车、轧钢机和起重设备中。直流发电机作为主电源在船舶上应用较早，在交流船舶上直流电动机也是船舶各类拖动装置的主要原动机之一。

【任务分析】

要完成此任务，首先要对电磁感应定律有所了解，分析直流发电机的工作原理要用到右手定则，分析直流电动机的工作原理要用到左手定则；其次要理解电刷和换向器的作用。

【任务实施】

直流电机与交流电机比较，其弱点是直流电压不能变换、结构复杂、造价高和维修工作量大等。20世纪80年代以来，由于大功率电力电子技术的发展，交流变频技术已经在多数领域取代了直流调速的应用，因此直流电机在陆地和船舶的应用逐渐减少，主要存在于以前建造的设备中。在一些过去建造的船舶上仍有直流发电机作为变流机组向直流电力拖动系统提供直流电能。

1.1.1 直流发电机的工作原理

图1-1是最简单的直流发电机的工作原理图。N、S是一对静止不动的主磁极,它们之间有一转动的圆柱形电枢铁芯,其上有一电枢线圈,线圈两端 a、d 分别接到彼此绝缘的两个半圆形换向器片1和2上。两个位置固定的电刷 A、B 分别压在两换向器片上。电刷与转动的换向器片形成滑动接触的导电机构。

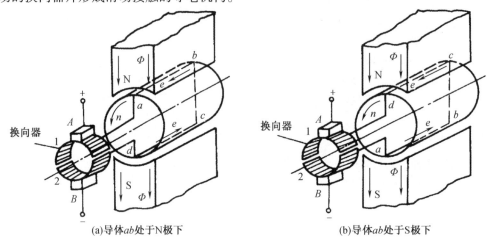

(a)导体 ab 处于N极下　　　　　　　　　　　　(b)导体 ab 处于S极下

图1-1　直流发电机工作原理图

直流电机作为发电机时,电枢转子在原动机拖动下旋转,电枢线圈切割 N、S 极磁场,线圈每个边的导体中产生感应电动势 $e = BLV$;其方向用右手定则确定。根据图1-1所示的磁场方向和转动方向可知,转到 N 极下的线圈边中的电动势方向总是由纸面出来,转到 S 极下的则总是进入纸面。很显然,在线圈内部是一个方向不断改变的交变电动势。由于静止的电刷 A、B 是分别与 N 极下和 S 极下的线圈边接通,故在电刷之间的电动势则是方向不变的直流。可见,换向器在直流发电机中起了机械整流器的作用。

当发电机电枢线圈接通负载时,在电动势的作用下产生电枢电流,故称发电机的电动势为电源电动势。发电机电枢有了电流以后,电流与磁场相作用产生电磁力 $F = BLI$ 和电磁转矩。根据左手定则,发电机的电磁转矩方向与转动方向(转向)相反,故称反转矩(也称制动转矩)。

1.1.2 直流电动机的工作原理

当直流电机接通直流电源时,则变成了直流电动机。在电源电压的作用下电枢线圈中就有了电流。假设电流由图1-2中的正刷 A 流入、负刷 B 流出,通过换向器的作用,使转到 N 极下的线圈边中的电流方向总是流入,S 极下的总是流出。这样电枢电流与磁场相作用所产生的电磁转矩方向始终保持不变,因而驱动转子向一个方向转动。所以电动机的电磁转矩是拖动转矩。电动机在旋转的过程中,电枢线圈也切割磁场而产生电动势,根据右手定则可以证实,该电动势的方向总是与电流方向相反,故称电动机的电动势为反电动势。

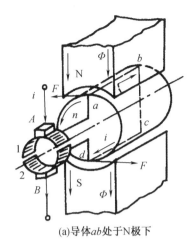
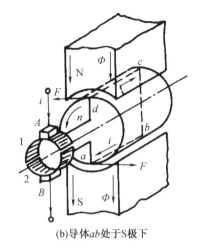

(a)导体ab处于N极下   (b)导体ab处于S极下

图1-2 直流电动机的工作原理图

【拓展知识】

1. 磁场

磁场是一种看不见、摸不着的特殊物质,磁场不是由原子或分子组成的,但磁场是客观存在的。磁场具有波粒的辐射特性。磁体周围存在磁场,磁体间的相互作用就是以磁场作为媒介的,所以两磁体不用接触就能发生作用。电流、运动电荷、磁体或变化电场周围空间存在一种特殊形态的物质。由于磁体的磁性来源于电流,电流是电荷的运动,因而概括地说,磁场是由运动电荷或电场的变化而产生的。用现代物理的观点来考察,物质中能够形成电荷的终极成分只有电子(带单位负电荷)和质子(带单位正电荷),因此负电荷就是带有过剩电子的点物体,正电荷就是带有过剩质子的点物体。运动电荷产生磁场的真正场源是运动电子或运动质子所产生的磁场。例如,电流所产生的磁场就是在导线中运动的电子所产生的磁场。图1-3为磁场中磁力线的分布。

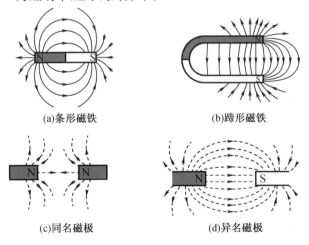

(a)条形磁铁   (b)蹄形磁铁

(c)同名磁极   (d)异名磁极

图1-3 磁场中磁力线分布

2. 右手定则

电磁学中,右手定则判断的主要是与力无关的方向,如果是和力有关的则全依靠左手定则,即关于力的用左手定则,其他的(一般用于判断感应电流方向)用右手定则。(这一点常常有人记混,可以发现"力"字向左撇,就用左手;而"电"字向右撇,就用右手)记忆口诀:左通力,右生电。还可以记忆为:因电而动用左手,因动而电用右手。方法简要介绍为右手手指沿电流方向拳起,拇指伸出,观察拇指方向。

操作方法:伸开右手,使拇指与其余四个手指垂直,并且都与手掌在同一平面内;让磁感线从手心进入,并使拇指指向导线运动方向,这时四指所指的方向就是感应电流的方向。这就是判定导线切割磁感线时感应电流方向的右手定则。右手定则判断线圈电流和其产生磁感线方向的关系以及判断导体切割磁感线电流方向和导体运动方向的关系。

3. 左手定则

判断安培力:伸开左手,使拇指与其余四个手指垂直,并且都与手掌在同一平面内;让磁感线从掌心进入,并使四指指向电流的方向,这时拇指所指的方向就是通电导线在磁场中所受安培力的方向。这就是判定通电导体在磁场中受力方向的左手定则。判断洛伦兹力:将左手掌摊平,让磁感线穿过手掌心,四指表示正电荷运动方向,则和四指垂直的拇指所指方向即为洛伦兹力的方向。左手定则仍然可用于电动机的场景,因闭合电路中在磁场的作用下产生力,左手平展,手心对准 N 极,拇指与并在一起的四指垂直,四指指向电流方向,拇指所指的方向为受力方向。

【课后练习】

任务实施	任务评价(满分10分)			得分
根据图 1-1 和图 1-2 解释说明在直流电动机和直流发电机中,电磁转矩和电枢旋转方向的关系有何不同? 电枢电势和电枢电流方向的关系有何不同?	正确,合理,语言表达清晰、流畅(8~10分)	大致正确,语言表达清晰、流畅(6~8分)	不能清晰、流畅表达(0~5分)	

任务1.2 直流电机的结构

【任务导入】

直流电机是指能将直流电能转换成机械能(直流电动机)或将机械能转换成直流电能(直流发电机)的旋转电机。它是能实现直流电能和机械能互相转换的电机。当它做电动机运行时是直流电动机,将电能转换为机械能;做发电机运行时是直流发电机,将机械能转换为电能。

【任务分析】

直流电机的结构应由定子和转子两大部分组成。直流电机运行时静止不动的部分称为定子,其主要作用是产生磁场;运行时转动的部分称为转子,其主要作用是产生电磁转矩和感应电动势,是直流电机进行能量转换的枢纽。

【任务实施】

直流电机由定子和转子两大部分组成:定子由主磁极、换向极、机座、端盖和电刷装置等组成;转子由电枢铁芯、电枢绕组、换向器、转轴和风扇等组成。图1-4为直流电机的解体图。

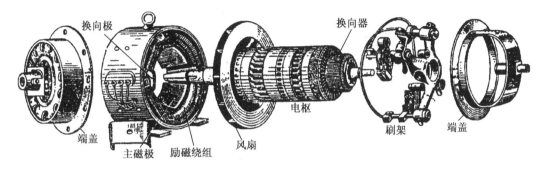

图1-4 直流电机的解体图

1.2.1 定子主要部件

1.主磁极

主磁极铁芯由薄钢板冲片叠成,其上套有励磁绕组,并用螺栓固定在机座上。励磁绕组中通入直流励磁电流产生主磁场。

2.换向极

其铁芯一般是由整块钢制成的,尺寸比主磁极小,也用螺栓固定在机座上;在定子机座圆周上的安装位置与主磁极相间分布。换向极用于改善换向,以减少因电磁原因而引起的电刷下的火花。换向极绕组与电枢电路串联,由电枢电流所产生的换向极磁场与电枢绕组电流所产生的交轴电枢反应磁场方向相反。它不仅用来抵消电枢反应磁场,而且使处于换向的绕组切割换向极磁场以产生可抵消电流换向引起的感应电动势,达到减少换向火花的目的。

3.机座

机座是直流电机的固定支撑和防护的部件,又是磁路的一部分。有磁通经过的部分称为磁轭。机座通常由铸钢制成或由钢板卷焊而成。

4.电刷装置

电刷装置主要由刷架、刷杆、刷握、炭刷及压紧弹簧等组成。中小型电机刷架装在端盖或轴承内盖上,大中型电机刷杆座固定在机座上。电刷装置将装在刷架的刷杆上。为减少由机械原因而引起的电火花,炭刷插在刷握中应既能上下自由移动又不晃动,而且随着炭刷的磨短应及时调整压紧弹簧,以保持与换向器适当的接触压力。对于多对磁极多对电刷的直流电机,正、负电刷分别并联在一起,然后只引出两个接线端。

1.2.2 转子主要部件

1.电枢铁芯

电枢铁芯由硅钢片叠成,固定在转子支架或转轴上。铁芯圆周上均匀分布的槽内嵌放电枢绕组,电枢铁芯是磁路的一部分。

2. 电枢绕组

电枢绕组用以产生电动势和通过电流,是实现机电能量转换的重要部件。电枢绕组由绝缘铜线绕制而成,各绕组线圈的两个出线端按一定的规律焊接到换向器片上,形成一闭合回路。

3. 换向器

换向器的作用是将电枢线圈中的交流变为直流或相反。图1-5是换向器的外形及剖面图,它是由许多楔形铜片(换向片)叠成圆筒形,片间用云母绝缘。换向片放置在套筒上,用压圈固定,压圈本身又用螺帽固紧,换向器装在轴上。电枢线圈的出线端就焊接在换向片端部的升高片的小槽中。换向器是直流电机的特征,易于识别。

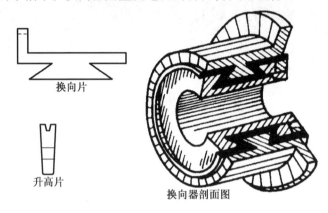

换向片

升高片

换向器剖面图

图1-5 换向器的外形及剖面图

1.2.3 直流电机的额定值

在直流电机外壳的铭牌上,给出了直流电机的型号和额定运行时各物理量的数值。直流电机的额定值主要有:

(1)额定功率(kW):额定状态下,发电机输出的电功率 $P_N = U_N I_N$ 或电动机轴上输出的机械功率 $P_N = U_N I_N \eta_N$。

(2)额定电压(V):端电压 U_N。

(3)额定电流(A):发电机输出的或电动机输入的额定电流 I_N。

(4)额定转速(r/min):额定状态下的转速。

(5)励磁方式及额定励磁电流 I_f(A)。

此外,还有绝缘等级和温升、工作制和使用条件等。

【课后练习】

任务实施	任务评价(满分10分)			得分
说明直流电机的主要部件及其作用。	正确,合理,语言表达清晰、流畅(8 ~ 10分)	大致正确,语言表达清晰、流畅(6 ~ 8分)	不能清晰、流畅解释含义(0~5分)	

任务1.3 直流电机的励磁方式和运行特性

【任务导入】

现代电机大都以电磁感应为基础,在电机中都需要有磁场。这个磁场可以由永久磁铁产生,也可以利用电磁铁在线圈中通以电流来产生。电机中专门为产生磁场而设置的线圈组称为励磁绕组。由于受永磁材料性能的限制,利用永久磁铁建立的磁场比较弱,它主要用于小容量电机。但是随着新型永磁材料的出现,特别是高磁能积的稀土材料如稀土钴、钕铁硼的出现,容量达百万千瓦级的永磁电机已开始研制。

【任务分析】

直流电机的转动过程中,励磁就是控制定子的电压使其产生的磁场变化,改变直流电机的转速、改变励磁电流同样起到改变转速的作用。定子上的主磁极和转子上的电枢绕组是直流电机最基本的两个组成部分,它们之间的连接方法不同,则电机的运行特性往往有较大的差别。

【任务实施】

1.3.1 直流电机的励磁方式

电刷引出的转子上的绕组称为电枢回路,流过电枢回路的电流为I_a,主磁极的励磁绕组称为励磁回路,流过励磁回路的电流为I_f(图1-6表示直流电极的电枢回路和励磁回路),电源供给发电机或者发电机发出到负载的电流为I。直流电机主磁极的励磁电流有几种不同的供给方式。励磁方式不同,电机的运行特性不同,图1-7表示不同励磁方式时,励磁绕组和电枢绕组的连接方式(图1-7中标出的电流方向是以发电机为例,若是电动机需要将I_a和I_f的方向反向)。

按励磁绕组与电枢绕组的连接关系,可统一将直流电机分为他励(或称它励)、并励、串励和复励:

(1)他励电机:励磁绕组电路不与电枢电路连接,励磁电流可由独立电源供给。

(2)并励电机:励磁绕组电路与电枢电路并联。并励绕组导线细、匝数多、电阻大,励磁电流远小于电枢电流。

(a)电枢回路　　　　　　　(b)励磁回路

图1-6　直流电机各回路的表示符号

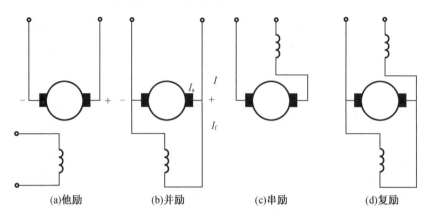

(a)他励　　　　(b)并励　　　　(c)串励　　　　(d)复励

图1-7　直流电机的励磁方式

(3)串励电机:串励绕组与电枢绕组串联,电枢电流即为励磁电流。因此,串励绕组导线粗、匝数少、电阻极小。

(4)复励电机:主磁极上既有并励绕组又有串励绕组。

对于发电机而言,可以分为他励和自励两大类。他励发电机的励磁电流是由独立的电源供给的,不受发电机的电压和电流的影响,自励发电机的励磁电流是由发电机的电枢电路提供的,因而励磁电流受电枢电流和电压的影响。直流电动机的励磁电流都是由外电源供给的。

1.3.2　直流电机的基本理论

发电机是把机械能转变为电能的装置,在原动机的拖动下,首先在发电机的主磁极励磁绕组中通以励磁电流,于是在发电机的电枢两端便建立起电压。直流电机的主磁场一般均由套在主磁极上的励磁绕组产生。不同的连接方式,对电机的运行特性将产生较大的影响。直流电机空载时的磁场分布取决于磁路的情况;而当直流电机有负载时,电枢绕组中的电枢电流将产生电枢磁势,电枢磁势的存在就要影响主磁场的分布和大小,这种影响称作电枢反应。

直流发电机和直流电动机是直流电机的两种运行状态。在两种运行状态下,当电枢以一定的转速向一个方向旋转时,嵌在电枢槽内的导体便切割磁通,在电枢绕组中产生感应电势。在直流发电机中,感应电势的方向和电枢电流相同;而在直流电动机中,感应电势的方向和电枢电流相反。根据电磁感应定律,感应电势的大小正比于每极的磁通及电枢转速。因此,感应电势的计算公式可以表示为

$$E = K_e \Phi n \qquad (1-1)$$

式中,K_e 是与电机结构有关的比例常数,称为电势常数。

同样,在直流发电机和直流电动机中,电枢绕组中流过电流与气隙磁场作用将产生电磁转矩。根据左手定则,可以判断出在直流电动机中,电磁转矩的方向和转向相同,是驱动

转矩;而在直流发电机中,电磁转矩的方向和转向相反,是制动转矩。根据电磁力的产生原理,电磁转矩 T 正比于电枢电流 I_a 及每极磁通 Φ。因此,电磁转矩的计算公式可以表示为

$$T = K_T \Phi I_a \tag{1-2}$$

式中,K_T 也是与电机结构有关的常数,称为转矩常数。

直流发电机将机械能转换为电能,直流电动机则将电能转换为机械能。在能量转换的过程中必然有损耗,直流电机的损耗有以下几种:机械损耗、铁芯损耗、励磁和电枢绕组的铜损耗等。

当直流发电机负载时,输入的机械功率 P_1 应与输出的电功率 P_2 和电机内部的各种损耗 $\sum p$ 相平衡,即

$$P_1 = P_2 + \sum p \tag{1-3}$$

当直流电动机带负载时,输入的电功率应与输出的机械功率和电机内部的各种损耗相平衡。

1.3.3 直流发电机的运行特性

发电机由原动机拖动,一般转速是保持不变的。除转速外,由外部可测的物理量有三个,即端电压、负载电流和励磁电流。本节要讨论的是当发电机正常稳态运行时,三个物理量中有一个保持不变,另外两个物理量之间的关系,这些关系可以表征发电机的性能,称之为发电机的运行特性。发电机的特性曲线,随着励磁方式的不同而不同;不同励磁方式的发电机适用于不同的用途。

1. 空载特性

空载特性(亦可称为开路特性)是当发电机空载($I=0$)及保持额定转速不变时,电枢电动势 E(或空载电压 U_o)与励磁电流 I_f 之间的关系:$E = f(I_f)$(或表示为 $U_o = f(I_f)$)。因为 $E = K_e \Phi n$,而 Φ 与 I_f 之间为磁化曲线关系,所以空载特性曲线(图1-8)与磁化曲线相似。空载特性只与电机磁路的磁化特性有关,而与电机的励磁方式无关。各种励磁方式的发电机的空载特性都可用他励的方法来测取。励磁电流等于零时的开路电压即为剩磁电压,其值为额定电压的 2% ~ 5%。空载特性表明通过改变励磁电流可调节发电机的电压,同时也表明励磁电流对电机磁路饱和程度的影响。

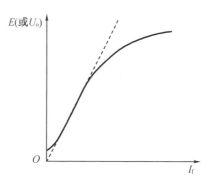

图1-8 直流发电机的空载特性曲线

2. 自励发电机的建压条件

并励和复励发电机均属于自励发电机,它们的并励绕组与电枢电路并联,由电枢电压产生励磁电流(图1-9)。自励发电机靠剩磁建立电压,即当发电机启动并达到一定的转速时,电枢绕组切割剩磁通所产生的电动势作用于并励绕组,开始产生很小的励磁电流。如果励磁电流的磁场方向与剩磁通方向一致,则磁通和电动势将会进一步增加,由于感应电势与励磁电流彼此互相促进,发电机的端电压就逐步建立起来,最后电压上升到某一稳定值,从而可建立起正常的电压。如果两者方向相反,磁通不仅不能进一步增加反而被削弱,因此就不能自励起压,此时必须将励磁绕组和电枢绕组相连的两端互换。

下面进一步讨论稳定电压的大小。以并励发电机为例,令励磁绕组本身电阻与励磁回路所串调节电阻总和为 R_f,励磁绕组的电感为 L_f,由于励磁电流在建压过程中是变化的,因此有自感电势,故励磁回路的电势平衡方程为

$$u_0 = i_f R_f + L_f \frac{di_f}{dt} \qquad (1-4)$$

式中,u_0 表示励磁回路的端电压,也就是发电机的开路电压,它也是励磁电流的函数,其函数关系 $u_0 = f(i_f)$ 即是发电机的空载特性,在图 1-9 中用曲线 1 表示。电阻压降 $i_f R_f$ 是一条过原点的直线,在图 1-9 中用直线 2 表示。图 1-9 中,曲线 1 与曲线 2 的差值便对应于式(1-4)中的自感电势 $L_f \frac{di_f}{dt}$。当 i_f 由零开始增加,在电压未达到稳定值前,由于励磁电流产生的端电压 u_0

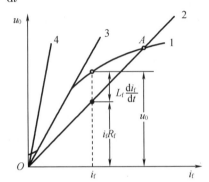

图 1-9 并励(或复励)发电机自励起压

大于励磁回路的电阻压降 $i_f R_f$,因此 $L_f \frac{di_f}{dt} > 0$,这时励磁电流和感应电势便不断上升。当 i_f 产生的 u_0 正好等于 $i_f R_f$ 时,即空载特性和电阻压降直线相交的 A 点,此时 $L_f \frac{di_f}{dt} = 0$,励磁电流不再增加,端电压便稳定在某一数值,A 点便是发电机的稳定运行点。

稳定运行点并非固定的,它随着励磁回路的电阻值的改变而移动,也就是说,改变 R_f 可以调节发电机的空载端电压。$U = i_f R_f$ 称为场阻线,R_f 增大,场阻线的斜率增大。当 R_f 增大到使得场阻线与开路特性的直线部分相切时(图 1-9 中的直线 3),便没有固定的交点,发电机的端电压将不稳定,与直线 3 对应的励磁回路电阻值称为建压临界电阻。当励磁回路的电阻大于建压临界电阻时(图 1-9 中的直线 4),电枢的端电压是很低的剩磁电压。

根据上述分析可知自励发电机的自励起压条件:

(1)发电机要有剩磁:若剩磁消失,可用外电源充磁。

(2)励磁电流磁场与剩磁场方向相同:这与并励绕组和电枢电路的连接极性及电枢的转动方向有关。在固定转动方向下,主要决定于两并联电路的连接极性。

(3)励磁电路的电阻要适当,要小于建压临界电阻:当励磁电阻过大或发生断路时就不能自励建立正常电压。当然转速过低,空载特性曲线变低也使两曲线的交点变低,从而也不能建立起正常的电压。

3.外特性

直流发电机的外特性是在保持额定转速不变和并励总电阻不变的条件下,改变负载大小时,发电机的端电压随负载电流而变化的关系,$U = f(I)$;引起发电机端电压随负载电流而变化的程度不仅与电枢内阻压降有关,而且与励磁方式有关。

图 1-10(a)、图 1-10(b)、图 1-10(c)分别为他励、并励和复励直流发电机的接线图。图 1-10 中 R_a 表示电枢电路的电阻,I_a 表示电枢电路的电流。从图示电路可以看出,直流发电机电枢电路的电压平衡方程为

$$U = E - I_a R_a \qquad (1-5)$$

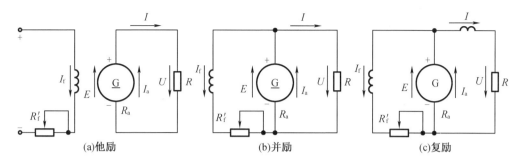

图 1 – 10　直流发电机的接线图

他励发电机(图 1 – 10(a))的电枢电流 I_a 等于负载电流 I,而并励和复励发电机(图 1 – 10(b)和图 1 – 10(c))的电枢电流等于负载电流和励磁电流之和,即

$$I_a = I + I_f \tag{1 – 6}$$

但由于 I_f 远小于额定负载电流 I,因此他励和自励发电机的电枢电阻压降 $I_a R_a$ 随负载的增加而使电压下降的情况差别不大,而它们的电动势 E 受负载电流影响的情况则不相同。

他励发电机的励磁电流 I_f 与电枢电流无关,故电动势 E 基本保持不变,因此只有很小的电枢电阻引起端电压的微小变化,其外特性曲线如图 1 – 11 中的曲线 1 所示。而并励发电机则不然,电枢电阻引起端电压的下降将进一步引起并励电流及感应电动势的减小,电动势的减小,又使电压进一步下降,故并励发电机的外特性曲线(图 1 – 11 中的曲线 2)比他励的低。

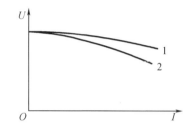

图 1 – 11　他励、并励发电机的外特性曲线

复励发电机根据串励绕组励磁电流方向与并励磁场方向的关系可分为积复励发电机和差复励发电机。串励与并励磁场方向一致的复励发电机称为积复励发电机。因为主磁极上的串励绕组的励磁电流将随负载电流的增加而增加,主磁通和电动势都将随负载电流的增加而增加,这样就可以补偿由于电枢电阻等所引起的端电压的下降,可使负载端电压基本保持不变。根据串励绕组对端电压的补偿程度又分为平复励、欠复励和过复励发电机,其外特性曲线分别如图 1 – 12 中的各相应曲线所示。当供电线路较长时通常采用过复励发电机,而船舶主电源直流发电机多为平复励发电机。

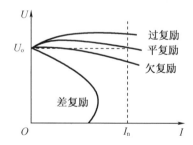

图 1 – 12　复励发电机的外特性曲线

串励与并励磁场方向相反的复励发电机称为差复励发电机,当负载电流较大时,它的端电压随负载电流的增加而急剧下降。这种发电机一般是作为特殊用途的专用电源,例如直流电焊发电机、船舶电动舵机、某种起货机的专用电源发电机。

1.3.4 直流电动机的运行特性

直流电动机接直流电源,输入电功率,轴上输出机械功率。图 1 – 13 为并励、串励和复励直流电动机的接线图。由于他励和并励电动机的励磁电路都是接到外电源上,励磁电流不受电枢电流变化的影响。因此,他励和并励电动机的特性基本相同。图 1 – 13 中,R 表示可能串入电枢电路的启动或调速用的电阻;R_f' 表示调节励磁电流的外串电阻。由图示电路可知,当电动机稳定运行时电枢电路的电压平衡方程式为

$$U = E + I_a(R_a + R) \tag{1-7}$$

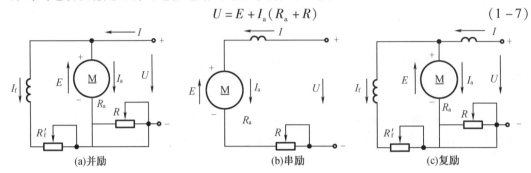

图 1 – 13 直流电动机的接线图

并励和复励电动机的输入线路电流 I 与电枢电流 I_a、励磁电流 I_f 的关系分别为

$$I = I_a + I_f, I_f = U/R_f \tag{1-8}$$

式中,R_f 为并励电路的总电阻。当励磁电流比负载电流小得多时,常可忽略,这时可认为 $I \approx I_a$。直流电动机产生的电磁转矩 T 与负载转矩 T_L 和空载转矩 T_0 相平衡,即 $T = T_L + T_0$。

1. 直流电动机的启动

一台电动机要带动生产机械工作,首先要接上电源,从静止状态转动起来到达稳态运行,这就是电动机的启动过程。对于电动机的启动要求,主要有两条:一是启动转矩足够大,要能够克服启动时的摩擦转矩和负载转矩,否则电动机就转不起来;二是启动电流不要太大,因启动电流太大,会对电源及电机产生有害的影响。

除了小容量的直流电动机,一般直流电动机是不允许直接接到额定电压的电源上启动的。这是因为在刚启动的一瞬间,转速为零,反电势为零,启动电流(忽略电刷接触压降)为

$$I_a = \frac{U}{R_a} \tag{1-9}$$

而电枢电阻 R_a 是一个很小的数值,故启动电流很大,将达到额定电流的 10 ~ 20 倍。这样大的启动电流将引起电机换向困难,供电线路上产生很大的压降等诸多问题。因此,必须采用一些适当的方法来启动直流电动机。直流电动机的启动方法有电枢回路串电阻启动及降压启动。例如,图 1 – 13(a)中,并励电动机的电枢回路串电阻启动是在电枢回路串入电阻 R、电动机接到电源后,启动电流为

$$I_a = \frac{U}{R_a + R} \tag{1-10}$$

可见,这时启动电流将减小,串的电阻愈大,启动电流愈小。当启动转矩大于负载转矩,电动机开始转动后,$E \neq 0$,则

$$I_a = \frac{U - E}{R_a + R} \tag{1-11}$$

随着转速升高,反电动势 E 不断增大,启动电流逐步减小,启动转矩也逐步减小,为了在整个启动过程中保持一定的启动转矩,加速电动机启动过程,可以将启动电阻一段一段地逐步切除,最后电动机进入稳态运行。在电动机完成启动过程后,因启动电阻继续接在电枢回路中要消耗电能,启动完成后应将电阻全部切除。

2. 直流电动机的机械特性

电动机的转速与转矩之间的关系 $n=f(T)$ 称为机械特性,它表明了直流电动机在一定的条件下,转速与电磁转矩两个机械量之间的对应关系。直流电动机的机械特性是根据电动机的三个基本关系式:$U=E+I_a(R_a+R)$,$E=K_e\Phi n$,$T=K_T\Phi I_a$,从而推导出来的。

先将反电动势 $E=K_e\Phi n$ 代入 $U=E+I_a(R_a+R)$ 的电压方程中,并当电枢电路的外串电阻 $R=0$ 时,可得直流电动机的转速特性 $n=f(I_a)$ 的表示式,即

$$n=\frac{U-I_aR_a}{K_e\Phi} \qquad (1-12)$$

当直流电动机空载运行时,电动机只产生很小的电磁转矩以克服空载转矩;当轴上加上负载转矩时,首先引起电动机转速 n 和相应的反电动势 E 的下降,从而引起电枢电流 I_a 和电磁转矩 $T(T=K_T\Phi I_a)$ 的增加。当转矩达到新的平衡时,电动机将在较低的转速下稳定运行。可见直流电动机的转速随负载而变。

若将 $I_a=T/(K_T\Phi)$ 代入式(1-12)中,则得自然机械特性关系式(或称为固有机械特性,即端电压等于额定电压,磁通等于额定磁通,电枢回路未串接任何电阻),即

$$n=\frac{U}{K_e\Phi}-\frac{R_a}{K_eK_T\Phi^2}T=n_0-kT \qquad (1-13)$$

式中,当转矩 $T=0$ 时,转速 $n_0=U/(K_e\Phi)$,n_0 称为理想空载转速;系数 $k=R_a/(K_eK_T\Phi^2)$ 为特性曲线的斜率。当电枢的外串电阻 $R\neq0$ 时,斜率 k 变大,这时的机械特性称为人为机械特性。直流电动机的机械特性与励磁方式有关:

(1)并(或他)励电动机:由于每极磁通,理想空载转速和系数 k 均为常数,故转速 n 随转矩的增加而降低,如图1-14所示;但由于电枢电阻很小,转速随负载的变化不大,其转速变化率仅为 $3\%\sim8\%$,故为硬的机械特性。该电动机适于拖动要求恒转速的生产机械。

(2)串励电动机:由于串励磁通随负载的增加而增加,从而使转速随负载的增加而迅速下降,如图1-14所示。可以看出,该特性曲线的特点是空载转

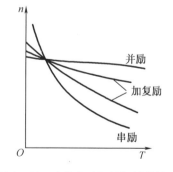

图1-14 直流电动机的机械特性

速非常高,机械特性比较软。因此,当负载转矩较小时,转速将很高,甚至会超出最高限度的数值,导致电机机械结构的损坏。所以,串励直流电动机绝对不允许空载启动及空载运行。串励电动机为软特性,启动力矩比较大,适用于启动困难的场合。

(3)复励电动机:复励电动机的励磁绕组既有并励绕组,又有串励绕组,一般复励电动机均为积复励,即串励绕组的磁势和并励绕组的磁势方向相同。积复励电动机的机械特性介于并励电动机和串励电动机之间。

3. 改变直流电动机转向的方法

要改变电动机的转向,需要改变电动机电磁转矩的方向。根据左手定则,电动机的转

动方向决定于磁场和电枢电流两者的方向。因此,使电动机反转的方法如下:

(1)改变励磁电流的方向,而电枢电流的方向不变。

(2)改变电枢电流的方向,而励磁电流的方向不变。如果是并励或者他励电动机,只需要将励磁绕组的两引出线对调,或者将电枢绕组的两引出线对调,即可改变电动机的转向。

【课后练习】

任务实施	任务评价(满分10分)			得分
1.说明自励直流发电机的起压条件,不能自励起压的原因有哪些?	正确、合理,语言表达清晰、流畅(8～10分)	大致正确,语言表达清晰、流畅(6～8分)	不能清晰、流畅解释(0～5分)	
2.如果直流电动机并励电路发生断路故障,将产生什么后果,为什么?	正确、合理,语言表达清晰、流畅(8～10分)	大致正确,语言表达清晰、流畅(6～8分)	不能清晰、流畅解释(0～5分)	

【项目小结】

本项目主要介绍了三个任务:直流电机的工作原理、直流电机的结构、直流电机的励磁方式和运行特性。通过这三个任务的学习,应该掌握直流电机的突出优点在于它的灵活性和多样性,缺点是电枢绕组和换向器/电刷系统相关的复杂性,加大了对维护的需求,降低了电机本身的可靠性。然而直流电动机依然具有它的优越性,其还会继续在工业应用领域的大容量电机以及各种用途的小容量电机中保持强大的竞争力。

项目 2 变压器的应用与维护

知识目标

- 变压器的工作原理；
- 变压器同名端的概念；
- 电压互感器、电流互感器的工作原理。

能力目标

- 能正确分析判断变压器绕组的极性；
- 能正确安装使用电压互感器；
- 能正确安装使用电流互感器。

任务 2.1 变压器的结构和额定参数

【任务导入】

变压器是将某一数值的交流电压转变成同一频率的另一种或几种不同数值交流电压的常用电器设备。其广泛应用于城乡电力系统以及各种电子设备中,通常可分为电力变压器和特殊变压器两大类。

【任务分析】

掌握变压器的结构和额定参数是正确安装、调试变压器的前提条件,变压器的结构和性能虽然各有特点,但是其基本工作原理都是相同的,即都是以线圈间的电磁感应原理为基础的。

【任务实施】

目前船舶大多数为 500 V 以下的低压电力系统,许多电力负载又是由发电机直接供电,所以船上一般只有照明变压器和一些小容量电源变压器以及控制用变压器。较大容量的变压器应用的较少。这些船用变压器容量虽小但却很重要,它们为船舶照明系统、航行信号系统、通信导航系统、控制系统和安全报警系统供电,是保证船舶正常工作、安全航行和船员、旅客生活的重要设备。

电力变压器是电力系统中的关键设备之一,由于发电厂大都集中在煤炭和水力资源丰富的地区,要将电能输送到各地的用户,必须通过电线进行远距离输电,这样,在输电过程中电能损失不可避免。在功率相同的情况下,输电的电压越高,则电流越小,在线路电阻一定时损耗就越少,因此高压输电比低压输电经济性高。一般情况下,输电距离越远,输送功率越大,要求输电电压就越高。

2.1.1 变压器的基本结构

变压器因使用场合、工作要求不同,其结构形式是多种多样的,但是,最基本的结构都是由铁芯与绕在铁芯上相互绝缘的线圈(绕组)构成,图2-1是变压器结构示意图及其符号。

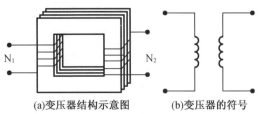

(a)变压器结构示意图   (b)变压器的符号

图2-1   变压器结构示意图及其符号

铁芯是变压器的磁路部分,一般采用表面涂有漆膜、厚度为0.35 mm或0.5 mm的硅钢片交错叠成,使磁路具有较高的磁导率和较小的磁滞涡流损耗。

绕组是变压器的电路部分,通常用涂有绝缘漆的铜线或铝线绕制而成。与电源连接的绕组称为原绕组,简称原边或初级;与负载连接的绕组称为副绕组,简称副边或次级。绕组的形状有筒式和盘式两种。筒式绕组又称同心式绕组,原、副绕组相套在一起,低压绕组套在靠铁芯的里层,高压绕组套在铁芯的外层。盘形绕组又称交叠式绕组,分层交叠在一起,低压绕组通常是套在铁芯柱靠上、下铁轭的外端,高压绕组则夹在两低压绕组的中间。根据实际需要,一个变压器可以只有一个绕组,如自耦变压器;也可以有多个副绕组以输出不同的电压。

按铁芯和绕组的组合结构,变压器有芯式和壳式两种。芯式变压器的绕组环绕铁芯柱,如图2-2(a)所示,其铁芯结构比较简单,绕组的安装和绝缘也比较容易,是应用较多的结构形式;壳式变压器的绕组除中间穿过铁芯外,还部分地被铁芯所包围,如图2-2(b)所示。

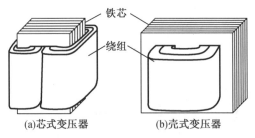

铁芯
绕组

(a)芯式变压器   (b)壳式变压器

图2-2   芯式和壳式变压器

变压器工作时铁芯和绕组都要发热,为了防止变压器过热而损坏绝缘材料,必须采用适当的冷却方式。对于小容量变压器,通常采用空气自冷,依靠空气的自然对流把铁芯和绕组的热量散发到周围的空气中(船用变压器全是采用风冷)。对容量较大的变压器,通常采用油浸自冷、油浸风冷或强迫油循环冷却等方式。

2.1.2　变压器的额定值

额定值是对变压器正常运行时所做的使用规定。在额定状态下运行可以保证变压器长期可靠地工作,并且有良好的性能。因此,为了正确地使用变压器,必须了解和掌握其额定值。额定值通常标在变压器的铭牌上,故也称为铭牌数据。变压器的额定值主要有:

(1)额定容量 S_N:变压器的额定视在功率,单位是 VA 或 kVA。对于双绕组变压器原、副边容量是相同的。

(2)额定电压 U_{1N}/U_{2N}:原、副绕组的额定线电压,例如 400 V/230 V。副边额定电压是指当原边接额定电压时副边的开路电压。因此,变压器可以升压也可以降压。

(3)额定电流 I_{1N}/I_{2N}:原、副边的额定线电流,单位是 A。

变压器的额定容量、额定电压和额定电流之间的关系是:

单相双绕组变压器　　$S_N = U_{2n}I_{2N} = U_{1N}I_{1N}$

三相双绕组变压器　　$S_N = \sqrt{3}\,U_{2N}I_{2N} = \sqrt{3}\,U_{1N}I_{1N}$

2.1.3　变压器的日常管理

为了保持变压器的良好运行状态,应做好日常运行管理工作。

(1)经常检查保持变压器的外部干燥和清洁,避免外部漏电。

(2)经常检查并记录变压器的温度,并监视三相电压和电流、过载等情况。

(3)备用变压器投入运行前先检查绕组绝缘,检查有无短路或断路。

【课后练习】

任务实施	任务评价(满分10分)			得分
1.变压器一般由哪几部分构成? 各有何作用?	正确、合理,语言表达清晰、流畅(8~10分)	大致正确,语言表达清晰、流畅(6~8分)	不能清晰、流畅解释(0~5分)	
2.变压器的铁芯为什么常采用硅钢片叠成,而不是整块钢制成?	正确、合理,语言表达清晰、流畅(8~10分)	大致正确,语言表达清晰、流畅(6~8分)	不能清晰、流畅解释(0~5分)	

任务 2.2 变压器的基本工作原理

【任务导入】

变压器变压原理首先由法拉第发现,但是直到 19 世纪 80 年代才开始实际应用。在发电厂应该输出直流电和交流电的竞争中,交流电能够使用变压器是其优势之一。变压器可以将电能转换成高电压低电流形式,然后再转换回去,因此大大减小了电能在输送过程中的损失,使得电能的经济输送距离达到更远。如此一来,发电厂就可以建在远离用电的地方。世界大多数电力经过一系列的变压最终才到送达用户那里。

【任务分析】

要完成此任务就必须了解变压器是利用电磁感应原理制成的静止用电器。当变压器的原线圈接在交流电源上时,铁芯中便产生交变磁通。分析变压器基本工作原理主要采用的是法拉第电磁感应定律。

【任务实施】

2.2.1 变压器的空载运行和电压变换

变压器的原边接上交流电压 u_1,副边开路,这种运行状态称为空载运行,如图 2 – 3 所示。这时副边电流 $i_2 = 0$,电压为开路电压 u_{20},原绕组中通过的电流为空载电流 i_{10},设原绕组的匝数为 N_1,副绕组的匝数为 N_2。

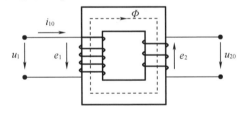

图 2 – 3 变压器的空载运行

由于副边开路,这时变压器的原边电路相当于一个交流铁芯线圈电路,空载电流 i_{10} 就是励磁电流。因为 i_{10} 是交变电流,所以在磁动势 $i_{10}N_1$ 作用下,铁芯中的主磁通 Φ 也是交变的,并在原、副绕组中分别感应出电动势 e_1、e_2。当 e_1、e_2 与 Φ 的参考方向之间符合右手螺旋定则时,由电磁感应定律可得

$$e_1 = -N_1 \frac{\mathrm{d}\Phi}{\mathrm{d}t} \tag{2-1}$$

$$e_2 = -N_2 \frac{\mathrm{d}\Phi}{\mathrm{d}t} \tag{2-2}$$

当外加电压 u_1 按正弦规律变化时,根据电磁铁知识可知

$$u_1 \approx e_1 = 4.44fN_1\Phi_{\mathrm{m}} \tag{2-3}$$

$$u_{20} \approx e_2 = 4.44fN_2\Phi_{\mathrm{m}} \tag{2-4}$$

因此，原边电压 u_1 与副边电压 u_{20} 之间的关系为

$$\frac{u_1}{u_{20}} \approx \frac{e_1}{e_2} = \frac{N_1}{N_2} = K \tag{2-5}$$

式(2-5)表明，变压器空载运行时，原、副绕组的电压比等于它们的匝数比。这个比值称为变压器的变比，是变压器的一个重要参数，当 $K > 1$ 时为降压变压器，当 $K < 1$ 时则为升压变压器。

2.2.2 变压器的负载运行和电流变换

变压器的原边接交流电压 u_1，副边接负载 Z_L，这种运行状态叫作负载运行。变压器未接负载之前，原边电流为 i_{10}，它在原边建立磁动势 $i_{10}N_1$，在磁路中产生主磁通 Φ_m。接入负载后，在感应电动势 e_2 的作用下，副绕组有电流 i_2。副边电流 i_2 的出现反过来要影响变压器铁芯内的磁通，从而影响原、副绕组的感应电动势。在原边电压 u_1 保持不变的情况下，e_1 的变化会使原绕组电流发生变化，这时原边电流将从空载电流 i_{10} 变为 i_1，如图2-4所示。

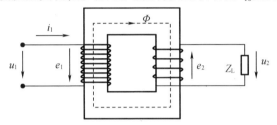

图2-4 变压器的负载运行

在变压器外加电压 u_1 和电源频率 f 不变的条件下，主磁通应基本保持不变，即 $\Phi = \dfrac{u_1}{4.44fN_1}$，为常数。但当变压器有载时，由于副边磁动势 i_2N_2 的影响，原绕组中的电流必须由 i_0 增加到 i_1 来抵消副绕组的磁动势对主磁通的影响，从而维持铁芯中的主磁通的大小不变，即与空载时在数量上接近相等。因此，变压器有载时产生主磁通的磁动势 $(i_1N_1 + i_2N_2)$ 和空载时产生主磁通的磁动势应该相等，即

$$i_1N_1 + i_2N_2 = i_0N_1 \tag{2-6}$$

因为空载电流很小，在变压器接近满载的情况下，i_0N_1 相对于 i_1N_1 或 i_2N_2 而言基本上可以忽略不计，于是得到原、副边磁动势的关系式为 $i_1N_1 \approx -i_2N_2$，其数值关系为 $I_1N_1 \approx I_2N_2$，即

$$\frac{I_1}{I_2} \approx \frac{N_2}{N_1} = \frac{1}{K} = K_i \tag{2-7}$$

式中，K_i 为变压器的变流比，它是变比 K 的倒数。

由此可见，变压器原、副边的电流与它们的匝数成反比，而变压器的原边电流是随副边电流变化而变化的。

任务 2.3 三相变压器的应用

【任务导入】

为了输入不同的电压,输入绕组也可以用多个绕组以适应不同的输入电压;同时为了输出不同的电压也可以用多个绕组。三个独立的绕组,通过不同的接法(如星形、三角形),使其输入三相交流电源,其输出亦如此,这就是三相变压器。

【任务分析】

为了正确使用三相变压器,掌握变压器绕组极性的定义和判别方法也是非常必要的;同时单相变压器的分析方法和理论同样适用于三相变压器。三相变压器广泛适用于交流 50 ~ 60 Hz,电压 660 V 以下的电路中,广泛用于进口的重要设备、精密机床、机械电子设备、医疗设备、整流装置、照明等。

【任务实施】

2.3.1 变压器绕组的极性

为了正确地使用变压器,有时还需了解原、副边电压之间的相位关系,由于原、副边电压都是交变的,当某一瞬间原绕组某一端点的电压相对于另一端点为正时,副绕组必然有一个对应的端点,其瞬间电位相对于副绕组的另一端点也为正。通常把原、副绕组电位瞬时极性相对应的端点称为同极性端,有时也称同名端。

图 2 - 5(a)所示变压器有两个副绕组,由于两个绕组绕向相同,当磁通变化时绕组中产生感应电动势,端点 1 和端点 3 的电位瞬时极性必然相同,所以端点 1 和端点 3 就是同极性端,当然端点 2 和端点 4 也是同极性端。为了在使用变压器时能正确地连接线路,通常在同极性端旁边标注"·"作为记号,图 2 - 5(d)是表明了极性的变压器绕组符号。图 2 - 5(b)和图 2 - 5(c)分别为变压器绕组的串联和并联接线图。

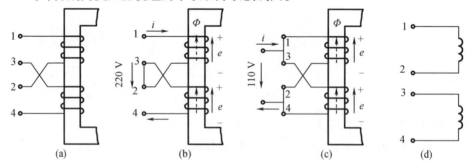

图 2 - 5 变压器绕组的极性及串并联

2.3.2 变压器绕组极性的测定

对于一个实际的变压器,由于从外部无法知道绕组的绕向。当原、副绕组的首尾端或同极性端标记无法辨认时,可用试验法进行判别,如图2-6所示。变压器的一个绕组(图2-6中为AX)通过开关和电池相连,另一绕组与直流毫安表相连,a端接毫安表的正端,x端接毫安表的负端。当开关K接通瞬间,如果毫安表的指针正向偏转,则A、a是同极性端;如果指针反向偏转,则A、x是同极性端。

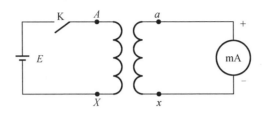

图2-6 变压器绕组极性的测定

2.3.3 三相变压器

三相变压器的结构有两种,即由三台单相变压器组成的三相变压器和三铁芯柱式三相变压器。

1.三台单相变压器组成的三相变压器

图2-7所示为三台单相变压器组成的三相变压器,其主要特点是三台单相变压器相互独立,各相磁路彼此之间无关,故可分可合。但其有成本高、体积大、效率低的缺点,主要用作大容量变压器。

2.三铁芯柱式三相变压器

图2-8所示为三铁芯柱式三相变压器,这种变压器有三个相同截面的铁芯柱,各套一相原、副绕组,各相磁路相互并联,由于三相原绕组所加的电压是对称的,因此磁通是对称的,副边电压也是对称的。

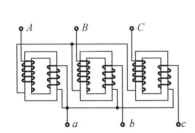

图2-7 三台单相变压器组成的三相变压器

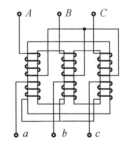

图2-8 三铁芯柱式三相变压器

三铁芯柱式三相变压器的原、副边都有三个绕组,可以根据需要接成星形(Y)或三角形(△)。因此有4种基本连接方式:Y/Y、△/Y、Y/△和△/△。我国只采用Y/Y和Y/△两种标准形式。

3.三相变压器的变比关系

当原边和副边的三相绕组的连接方式和连接极性完全一致时,例如Y/Y或△/△连接,则两边线电压之比等于相电压之比,并且两者同相位。当原、副绕组连接方式不一致时,则两边线电压之比不等于相电压的变比。例如,Y/△连接的三相变压器两边线电压之比是相电压之比的$\sqrt{3}$倍,并且两者的相位不同,副边线电压超前原边线电压30°。

【课后练习】

任务实施	任务评价(满分10分)			得分
根据图2-6变压器绕组极性的测定图,解释说明变压器绕组的同极性端判断过程?	正确,合理,语言表达清晰、流畅(8~10分)	大致正确,语言表达清晰、流畅(6~8分)	不能清晰、流畅解释该图含义(0~5分)	

任务2.4　特殊变压器的应用

【任务导入】

特殊变压器是指除电力系统应用的变压器以外的各种变压器的统称。其品种繁多,如自耦变压器、电压互感器、电流互感器;工程技术中专用的焊接、整流、电炉等变压器;电子线路中变换阻抗用的输入、输出变压器等。

【任务分析】

自耦变压器是输出和输入共用一组线圈的特殊变压器,其原理和普通变压器一样,只不过它的原线圈就是它的副线圈。电压互感器是电力系统中测量仪表、继电保护等二次设备获取电气一次回路电压信息的传感器。电流互感器的作用是可以把数值较大的一次电流通过一定的变比转换为数值较小的二次电流,用来进行保护、测量等用途。

【任务实施】

2.4.1　自耦变压器

普通变压器至少有两个绕组,原、副绕组是相互绝缘的,只有磁耦合而无直接的电的联系。自耦变压器只有一个绕组,如图2-9所示,其中高压绕组的一部分线圈兼作低压绕组,自耦变压器的高、低压绕组之间除了有磁的联系外,而且还有电的直接联系。

自耦变压器的基本工作原理与普通变压器相同,同样有以下关系:

$$\frac{U_1}{U_2} \approx \frac{E_1}{E_2} = \frac{N_1}{N_2} = K$$

$$\frac{I_1}{I_2} \approx \frac{N_2}{N_1} = \frac{1}{K} = K_i$$

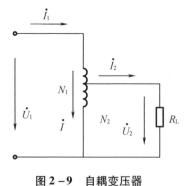

图2-9　自耦变压器

当变压器满载或接近满载时,原方电路和副方电路中的电流 I_1 和 I_2 的相位差接近 $180°$,所以在公共绕组内流过的电流 I 较小($I = I_2 - I_1$),因而这部分绕组可用截面积较小的导线绕制。

自耦变压器与普通变压器相比,它的优点是效率高、省铜线、制造简单、体积小、质量轻;它的缺点是原、副方电路有电的直接联系,容易发生触电事故,因此电气安全操作规程规定:自耦变压器不容许作为安全变压器使用,安全变压器一定要采用原、副绕组相互绝缘的双绕组变压器。

2.4.2　电压互感器

在高电压、大电流的线路中,通常不能直接用仪表去测量电压和电流,而需要借助于特制的仪表变压器将高电压降为低电压、大电流变为小电流后,再进行测量。这样可以使测量仪表与高压电路绝缘,以保证测量人员和仪表的安全,并可扩大仪表的量程。这种专用仪表变压器称为仪用互感器。根据用途不同,仪用互感器可分为电压互感器和电流互感器。

电压互感器的构造及工作原理与普通变压器相似,如图 2 - 10 所示,使用时,原绕组接被测高电压,而副绕组则与各种仪器仪表(如电压表、功率表等)的电压线圈并联。电压互感器副边有不同等级的标准电压,常用的电压互感器的标准额定电压为 100 V。

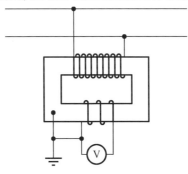

图 2 - 10　电压互感器

在使用电压互感器时应特别注意:

(1)运行时副绕组电路不允许短路。若发生短路,副边电流将大大超过额定值,原边电流也将随之增大,致使绕组因严重过热而烧毁。

(2)铁芯和副绕组一端都必须接地,这是因为在测量中,万一高、低压绕组间的绝缘损坏,副绕组中就会出现高电位,危及工作人员和仪表安全。

2.4.3　电流互感器

电流互感器工作原理与普通变压器的变流原理相同。在使用时,把匝数少的原绕组串接在需要测量电流的电路中,而匝数多的副绕组则与安培表相连,如图 2 - 11 所示。电流互感器原绕组用粗导线绕成,只有一匝或几匝,因而当副边构成闭合回路时,它的阻抗很小,在运行中它两端的电压降也很小。副绕组的匝数虽多,但在正常情况下它的电动势并不高,只有几伏。

通常电流互感器副绕组的额定电流设计为 5 A,当要测量不同等级的负载电流时,只要选用不同变流比的电流互感器与安培表配套使用(例如 30/5,100/5 等),安培表的刻度就可按原边的电流等级标出,测量时在安培表上就可直接读取负载电路的电流值。根据变压器的变流原理可知,满量程为 5 A 的电流表通过电流互感器可测量的最大电流为

$$I_{2N} = \frac{N_2}{N_1} \times I_{2N} = \frac{N_2}{N_1} \times 5 \qquad (2-8)$$

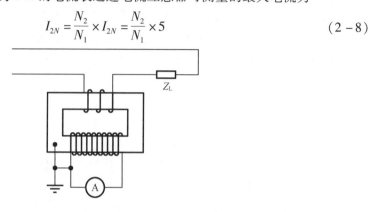

图 2-11 电流互感器

可见,电流互感器将 5 A 电流表的量程扩大了 N_2/N_1 倍。

在使用电流互感器时必须注意:

(1)电流互感器在运行中,副边绝对不能开路。不然将在副绕组两端感应出数百伏的高压,危及人员安全并击穿绝缘,同时使铁损耗急剧上升,铁芯严重过热,以致烧坏绕组。

(2)为了保障安全运行,电流互感器副绕组的一端和铁芯必须接地。

【课后练习】

任务实施	任务评价(满分10分)			得分
说明电压互感器及电流互感器的使用注意事项。	正确、合理,语言表达清晰、流畅(8~10分)	大致正确,语言表达清晰、流畅(6~8分)	不能清晰、流畅表达正确含义(0~5分)	

【项目小结】

本项目重点讲解了四个任务:变压器的结构和额定参数、变压器的基本工作原理、三相变压器的应用、特殊变压器的应用。通过这四个任务的学习,应掌握变压器是通过铁芯中的交变磁通来传递能量的,通过一次、二次绕组的不同匝数来实现变压、变流、变阻抗。三相变压器的应用重点在于一次绕组和二次绕组的不同连接方法。自耦变压器、电压互感器、电流互感器的应用重点在于它们应用时的注意事项,必须按照操作规程认真操作,否则将带来严重的后果。

项目 3　三相异步电动机的应用与维护

知识目标

- 三相异步电动机的转动原理；
- 三相异步电动机运行时的电磁关系；
- 三相异步电动机运行时的工作特性。

能力目标

- 掌握三相异步电动机定子绕组的星形和三角形接法；
- 能对三相异步电动机进行正确安装、调试、维修；
- 掌握单相异步电动机的使用方法。

任务 3.1　三相异步电动机的结构

【任务导入】

三相异步电动机是工农业生产中应用最为广泛的一种电机。例如,中小型轧钢设备、矿山机械、机床、起重机、鼓风机、水泵以及脱粒、磨粉等农副产品的加工机械,大部分采用异步电动机来拖动。

【任务分析】

三相异步电动机的种类很多,但各类三相异步电动机的基本结构是相同的,它们都是由定子和转子这两大基本部分组成,在定子和转子之间具有一定的气隙。

【任务实施】

3.1.1　三相异步电动机的基本构造

三相异步电动机分成两个基本部分:定子(固定部分)和转子(旋转部分)。定子由机座、定子铁芯、定子绕组和前后端盖等组成。转子由转子铁芯、转子绕组、转轴和风扇等组成。三相异步电动机的解体构造如图 3-1 所示,定子和转子铁芯片如图 3-2 所示。

机座和前后端盖构成机壳,一般用铸铁或铸钢制成,起固定支撑和防护作用,按防护形式可将其分为开启式、防护式和封闭式。定子和转子铁芯均由 0.5 mm 厚的相互绝缘的硅钢片叠成。定子铁芯呈圆筒形,内圆周表面冲有槽,用以嵌放对称的三相绕组 U_1U_2、V_1V_2、W_1W_2,汇成六个端头分别引到接线盒中,可以连接成 Y 形或 △ 形。转子铁芯呈圆柱形,外圆周表面上也冲有均匀分布的槽,用以放置转子绕组导体,将铁芯装在转轴上,转轴承受机械负载。定子和转子之间有 0.2～1.0 mm 的均匀气隙。

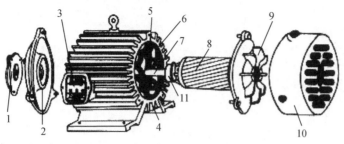

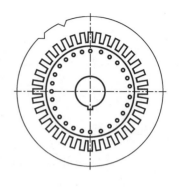

1—轴承盖；2—端盖；3—接线盒；4—机座；5—铁芯；6—定子绕组；
7—转轴；8—转子；9—风扇；10—罩壳；11—轴承。

图3-1　三相异步电动机的解体构造　　　　**图3-2　定子和转子铁芯片**

　　三相异步电动机的转子绕组有两种类型：鼠笼式和绕线式。鼠笼式转子铁芯槽内插入导条，所有导条两端由两个铜的短路端环将它们焊接在一起，形成鼠笼状的转子绕组回路，如图3-3所示。目前中小型鼠笼异步电动机在转子槽中浇铸铝液，连同短路端环一次铸成，这样做工艺简单，也节省铜材。绕线式转子绕组和定子绕组一样，也是三相的，并且有相同的磁极对数，连接成Y形，每相引出端分别接到固定在轴上的彼此绝缘的三个滑环上，在滑环上用弹簧压着的碳刷与外电路连接，以便启动和调速，正常工作时三个电刷接成短路，如图3-4所示。

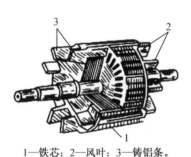

1—铁芯；2—风叶；3—铸铝条。　　　　1—绕组；2—机座；3—铁芯；4—接线盒；
　　　　　　　　　　　　　　　　　　5—集电环；6—绕组；7—铁芯。

图3-3　铸铝型转子　　　　　　**图3-4　绕线式转子异步电动机构造**

3.1.2　异步电动机的型号

　　异步电动机的型号是正确选择和使用异步电动机的常识，为了适应不同用途和不同工作场合的需要，交流异步电动机均按规定标准制成不同系列，每种系列又用不同型号表示。随着制造工艺的进步、材料的更新换代，以及与国际标准的接轨，电机系列号也在更新。

　　目前国产异步电动机产品名称及代号见表3-1。

表3-1 国产异步电动机产品名称及代号

产品名称	代号	汉字意义	老代号
鼠笼式异步电动机	Y(Y-L)	异	J、JO
绕线式异步电动机	YR	异绕	JR、JRO
防暴型异步电动机	YB	异暴	JB、JBS
高启动转矩异步电动机	YQ	异起	JQ、JQO
微型异步电动机	AO	—	—

型号命名方法:

代号　　机座中心高度　　机座长度代号-磁极数

例:　　Y　　132　　M　　-　4

其中,机座长度代号:S——短机座;M——中机座;L——长机座

Y 及 Y-L 系列为小型鼠笼式异步电动机,其中 Y 系列定子绕组为铜线,Y-L 系列定子绕组为铝线,功率为 0.55~90 kW。

系列产品三相异步电动机机壳上均有铭牌标注,摘例如下:

三相异步电动机				
型号	Y90L-4	电压	380 V	接法	Y
容量	1.5 W	电流	3.7 A	工作方式	连续
转速	1 400 r/min	功率因数	0.79	温升	75 ℃
频率	50 Hz	绝缘等级	B	出厂	年　月
××	电机厂	编号		质量	kg

通常 3 kW 以下的多接成星形,4 kW 以上的多接成三角形。如果铭牌上标明"380 V/220 V Y/△"时,其意义是当电源电压是 380 V 时应接成星形,220 V 时则应接成三角形。

【课后练习】

任务实施	任务评价(满分10分)			得分
三相异步电动机的主要结构有哪几部分,各起什么作用?	正确,合理,语言表达清晰、流畅(8~10分)	大致正确,语言表达清晰、流畅(6~8分)	不能清晰,流畅表达(0~5分)	

任务3.2　三相异步电动机的工作原理

【任务导入】

三相异步电动机是将交流电能转换为机械能的最通用的重要的旋转机电设备。三相异步电动机是靠同时接入 380 V 三相交流电源(相位差 120°)供电的一类电动机,由于三相异步电动机的转子与定子旋转磁场以相同的方向、不同的转速旋转,存在转差率,所以叫三

相异步电动机。

【任务分析】

要完成此任务,首先必须通过异步电动机的模型来分析转动原理,在此基础上,了解旋转磁场产生的条件;其次要掌握三相异步电动机磁极对数的概念以及它对转速的影响。

【任务实施】

3.2.1　转动原理

图 3-5 所示为一对磁极间放入装有铜条的转子,转子可沿固定轴自由转动。当磁场向顺时针方向旋转时,磁极的磁力线切割转子铜条。在转子铜条中感应出电动势,其方向由右手定则确定。在感应电动势的作用下,闭合的铜条中产生电流,该电流又与磁场相互作用,使转子铜条受到电磁力,电磁力的方向用左手定则确定。该电磁力产生的电磁转矩使转子转动起来,转子的转动方向和磁极旋转的方向相同。由于转子的转速 n 始终低于旋转磁场的转速 n_0,故称为异步电动机。又由于转子电流由感应而生,故也称为感应电动机。

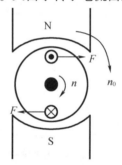

图 3-5　转子转动原理图

3.2.2　旋转磁场

1. 旋转磁场的产生

产生旋转磁场的基本条件:至少要有两个定子绕组,这些绕组之间要有空间相位差,通入这些绕组中的电流之间要有时间相位差。因此,三相异步电动机的三相绕组,通入三相电流,便产生旋转磁场。设各绕组从始端 A、B、C 分别到末端 X、Y、Z 方向为电流的正方向,并设电流正半周其值为正,负半周其值为负。三相绕组中的三相对称电流的瞬时值为

$$i_A = I_m \sin \omega t$$
$$i_B = I_m \sin(\omega t - 120°)$$
$$i_C = I_m \sin(\omega t + 120°) \tag{3-1}$$

其绕组连接成 Y 形和电流波形如图 3-6 所示。

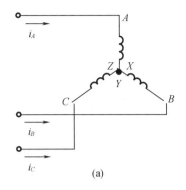

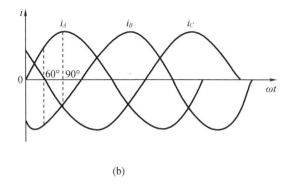

图 3-6 绕组连接 Y 形和电流波形

由式(3-1)和图 3-6 可知：

$\omega t = 0°$的瞬间,定子绕组中的电流方向, $i_A = 0$, $i_B = -(\sqrt{3}/2)I_m$,即 B 绕组中的电流此时是由 Y 端流入、B 端流出; $i_C = (\sqrt{3}/2)I_m$,C 绕组的电流是由 C 端流入、Z 端流出。根据各绕组的电流方向用右手螺旋定则可确定此刻三相电流产生的合成磁场,其轴线方向是自上而下,如图 3-7(a)所示。

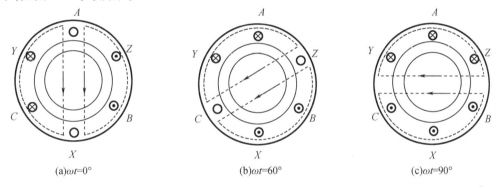

图 3-7 三相电流产生(两极)旋转磁场示意图

当电流变化到 $\omega t = 60°$时,定子绕组中电流的方向和三相电流产生的合成磁场的方向如图 3-7(b)所示。这时的合成磁场在空间也由初始位置顺时针转过了 60°。当电流变化到 $\omega t = 90°$时,此时合成磁场的方向相对于初始位置顺时针转过了 90°,如图 3-7(c)所示,与出现最大电流的绕组(A-X)轴线方向一致。当任一绕组的电流达到最大值时,则旋转磁场的方向就转到该绕组的轴线方向上。如果电流变化一周($\omega t = 360°$),则合成磁场在空间旋转一周。

由上面的分析可知,当定子绕组中通入三相电流以后,它们共同产生的合成磁场是随着电流的交变而在空间不断地旋转的,旋转磁场同磁极在空间旋转作用完全相同。三相电流产生的旋转磁场切割转子导体,在其中感应出电动势,相应在闭合导体中产生电流,转子导体电流与旋转磁场相互作用而产生电磁转矩,使电动机转动起来。

各相瞬时电流磁势在空间产生的合成磁势为 $\dot{F}_0 = \dot{F}_A + \dot{F}_B + \dot{F}_C$, $B_0 = \dfrac{3}{2}B_m$,当且仅当对称三相绕组通以对称三相电流时,三相合成磁势的基波才为圆形旋转磁动势,其特点是波形不变、波幅恒定,沿气隙圆周旋转,波幅的轨迹为一个圆。

2.旋转磁场的转向

三相绕组电流的相序即三相绕组中的电流达到正的最大值的次序,它决定旋转磁场的转向。电动机转子转动的方向和旋转磁场旋转方向是相同的。图3-7中三相绕组电流的相序为 $AX \rightarrow BY \rightarrow CZ$,所以旋转磁场就依 $A \rightarrow B \rightarrow C$ 的方向旋转。因为电源电压的相序是固定的,所以只要将定子三相电源线中的任意两根接线端的位置对调,即可改变三相绕组电流的相序,从而使旋转磁场和转子反转。

3.三相异步电动机的磁极对数

图3-7所示的三相绕组,每相绕组只有一个线圈,三相绕组的始端之间存在 $120°$ 空间角度,则称产生的旋转磁场具有一对极,即磁极对数 $p=1$。如将定子每相绕组安排成两个线圈串联,各绕组的始端之间相差 $60°$ 空间角度,则产生的旋转磁场就具有两对磁极,即 $p=2$,如图3-8所示。

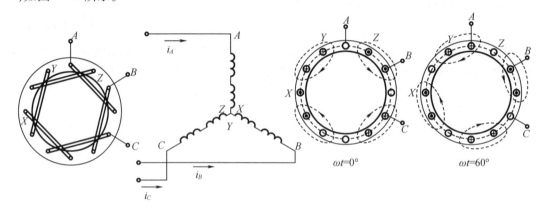

图3-8 产生 $p=2$ 的定子绕组和旋转磁场

如果要使 $p=3$,则每相绕组应均匀安排三个相串联的线圈,各相绕组始端之间的空间角为 $120°/p = 120°/3 = 40°$。

4.旋转磁场的转速

异步电动机的转速与上述旋转磁场的转速有关,从对图3-7的讨论中可知,当电流从 $\omega t = 0°$ 到 $\omega t = 60°$ 经历了 $60°$ 空间角,即磁场在空间旋转了 $60°$。当电流变化一周时,磁场恰好在空间旋转一周。设电流的频率为 f_1,则每分钟变化 $60f_1$ 次,则旋转磁场的转速为 $n_0 = 60f_1$,单位为 r/min。

当旋转磁场具有两对磁极,即 $p=2$ 时,由图3-8可知,当电流从 $\omega t = 0°$ 到 $\omega t = 60°$,磁场在空间仅旋转了 $30°$;也即当电流变化一周,磁场旋转了 $1/2$ 周,比 $p=1$ 时转速减小一半,即 $n_0 = 60f_1/2$。

同理,当 $p=3$ 时,磁场在空间仅旋转了 $1/3$ 周,即转速为 $p=1$ 时的 $1/3$,即 $n_0 = 60f_1/3$。以此类推,当旋转磁场有 p 对磁极,磁场转速为

$$n_0 = \frac{60f_1}{p} \tag{3-2}$$

由式(3-2)可见,旋转磁场的转速 n_0 与电流的频率 f_1 成正比、与磁极对数 p 成反比。其中,f_1 由异步电动机的供电电源的频率决定,p 由三相绕组的各相线圈串联的多少决定。对某一台三相异步电动机,f_1 和 p 通常是一定的,所以磁场转速 n_0 为常数,称为异步电动机

的同步转速。在我国,供电系统的频率为 $f_1 = 50$ Hz,则按式(3-2)可计算出对应不同磁极对数的旋转磁场的转速 n_0 为表3-2所列。

表3-2　旋转磁场的转速 n_0　　　　　　　　　　　　　　　　　单位:r/min

p		1	2	3	4	5	6
f_1	50 Hz	3 000	1 500	1 000	750	600	500
	60 Hz	3 600	1 800	1 200	900	720	600

3.2.3　三相异步电动机的转差率

为了表征转子转速 n 与同步转速 n_0 之间相差的程度,异步电动机中用转差率 s 来表示:

$$s = \frac{n_0 - n}{n_0} \qquad\qquad (3-3)$$

转差率 s 是分析旋转磁场异步电动机性能的一个重要变量。异步电动机启动初瞬时或转子静止时,$n = 0$ 和 $s = 1$;而空载时由于阻力矩很小 $n \approx n_0$ 和 $s \approx 0$。由于异步电动机在恒速运行中,其额定转速与其同步转速相差很小,所以转差率 s 很小,其值为 $1\% \sim 9\%$,一般不会超过 10%。这表明即便是在额定负载时转子的转速也非常接近于同步转速,因而可从铭牌额定转速 n_N 和频率 f 知道它的同步转速 n_0 和磁极对数 p。此外,由于异步电机还可能工作于其他非电动机状态,因此还有 $s < 0$(发电机状态)和 $s > 1$(电磁制动状态)的情况,只有当 $0 < s < 1$ 时才是电动机运行状态。

【课后练习】

任务实施	任务评价(满分10分)			得分
1.根据图3-7三相电流产生旋转磁场示意图,解释说明旋转磁场产生的过程。	正确,合理,语言表达清晰、流畅(8~10分)	大致正确,语言表达清晰、流畅(6~8分)	不能清晰,流畅解释该图含义(0~5分)	
2.如某异步电动机的额定转速为970 r/min,它的同步转速及磁极对数分别是多少?	正确,步骤清晰(8~10分)	大致正确,步骤大致清晰(6~8分)	结果错误(0~5分)	

任务 3.3　三相异步电动机的电磁转矩和机械特性

【任务导入】

转矩是各种工作机械传动轴的基本载荷形式,与动力机械的工作能力、能源消耗、效率、运转寿命及安全性能等因素紧密联系,转矩的测量对传动轴载荷的确定与控制、传动系统工作零件的强度设计以及原动机容量的选择等都具有重要的意义。

【任务分析】

电动机和发电机都有电磁转矩,对于发电机,电磁转矩性质为制动转矩,即与转速方向相反;对于电动机,电磁转矩性质为驱动转矩,即与转向相同。三相异步电动机的电磁转矩由转子电流的有功分量和定子旋转磁场相互作用产生,产生的电磁转矩的大小与转子电流的有功分量、旋转磁场的强弱成正比。

【任务实施】

3.3.1　电磁转矩

三相异步电动机的转子电流与旋转磁场相互作用产生电磁力,电磁力对于转轴构成了转矩,这个转矩称为电磁转矩,用 T 表示。在 T 作用下,电动机带动负载而输出机械功率。

设电机转子旋转的角速度为 Ω,转子的电磁转矩为 T,则转子产生的机械功率为

$$p_2' = \Omega T \tag{3-4}$$

由分析可知,消耗在负载等效电阻 $R_2\left(\dfrac{1-s}{s}\right)$ 上的电功率为

$$p_2' = m_2 I_2^2 R_2\left(\frac{1-s}{s}\right) \tag{3-5}$$

式中,m_2 为转子绕组的相数(绕线式为三相,鼠笼式为多相)。

将式(3-5)代入式(3-4)中,得

$$T = \frac{m_2}{\Omega} I_2^2 R_2\left(\frac{1-s}{s}\right) \tag{3-6}$$

由于转子角速度 $\Omega = \dfrac{2\pi n}{60}$,转旋磁场的角速度为

$$\Omega_1 = \frac{2\pi n}{60} = \frac{2\pi f_1}{p} \tag{3-7}$$

故有 $s = \dfrac{n_0 - n}{n_0} = \dfrac{\Omega_1 - \Omega}{\Omega_1}$,还有

$$\Omega = (1-s)\Omega_1 = (1-s)\frac{2\pi f_1}{p} \tag{3-8}$$

经整理后可得

$$T = \frac{4.44 p m_2 k_2 N_2}{2\pi} \Phi I_2 \cos\varphi_2 = K_{\mathrm{T}} \Phi I_2 \cos\varphi_2 \tag{3-9}$$

式中，$K_T = \dfrac{4.44 p m_2 k_2 N_2}{2\pi}$ 称为异步电动机的转矩常数，它由电动机的构造决定。

式(3-9)表明，异步电动机的电磁转矩 T 与旋转磁场的每极磁通 Φ、转子电流 I_2 和转子电路的功率因数 $\cos\varphi_2$ 的乘积成正比，是由转子有功电流和磁通相互作用而产生的。式(3-9)为三相异步电动机电磁转矩的物理表达式，它不能直接反映 T 与电动机参数之间的关系。

经整理，将 $\Phi = \dfrac{E_1}{4.44 k_1 f_1 N_1} \approx \dfrac{U_1}{4.44 k_1 f_1 N_1}$ 代入式(3-9)可得

$$T = \frac{k_2 N_2}{4.44 k_1^2 N_1^2 f_1} K_T \frac{s R_2 U_1^2}{R_2^2 + (s X_{\sigma 20})^2} = K_T' \frac{s R_2 U_1^2}{R_2^2 + (s X_{\sigma 20})^2} \qquad (3-10)$$

式中，$K_T' = \dfrac{k_2 N_2}{4.44 k_1^2 N_1^2 f_1} K_T$，$K_T'$ 也是与电机构造有关的常数。

式(3-10)是异步电动机电磁转矩参数表达式。式(3-10)表明，三相异步电动机的电磁转矩 T 与每相电压有效值 U_1 的平方成正比。由此可见，当电源电压变化时，对电磁转矩影响很大。当电压 U_1 一定，转子参数 R_2 和 $X_{\sigma 20}$ 一定时，电磁转矩与转差率 s 有关，$T = f(s)$，这一关系称为异步电动机的机械特性。

3.3.2 机械特性

在外加电压 U_1 和转子电阻、漏抗一定的条件下，异步电动机转矩和转速 n 间的关系曲线为 $n = f(T)$，称为该电机的机械特性。

按式(3-10)以 T 为因变量，以 s 为自变量可做出 $T = f(s)$ 曲线，如图3-9所示，然后由 $T = f(s)$ 曲线可得出 $n = f(T)$ 曲线，即将 $T = f(s)$ 曲线顺时针转90°，再将 T 的横轴移下，如图3-10所示。

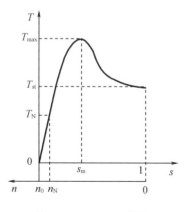

图3-9　$T = f(s)$ 曲线

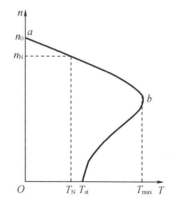

图3-10　$n = f(T)$ 曲线

研究电机机械特性的目的是为了分析和测定电动机的运行特性，并为以该电动机为执行元件的控制电路提供参量，从下述机械特性曲线可确定如下转矩参数。

1. 额定转矩 T_N

额定转矩是电动机在额定负载时的转矩，反映稳定运行的负载能力和特点。额定转矩 T_N 可以根据铭牌数据的额定功率 P_{2N}（即额定输出机械功率）和额定转速 n_N 求得

$$T_N \approx T_2 = \frac{P_{2N}}{2\pi n_N/60} = 9\ 550\ \frac{P_{2N}}{n_N} \qquad (3-11)$$

式中,功率单位是 kW,转速单位是 r/min,转矩单位是 N·m。

一般三相异步电动机在运行中,负载会变化,例如车床车削进给量的大小、起重机的重物的改变等。所以,电动机的转速 n 随负载转矩的变化而变化,从图 3-9 可见,当转矩 T 增大时,其转速 n 会下降,随着转速 n 的下降,转差率 s 增加,又使转子电流 I_2 增加,同时也使 $\cos \varphi_2$ 减小,但 I_2 的增加超过 $\cos \varphi_2$ 的减小,使转矩不断增大。当转矩等于变动后的负载转矩时,电动机将在较低的转速 n 下稳定运行。所以,电动机负载运行时一般工作在图 3-10 中机械特性较为平坦的 ab 段。

在额定转矩范围内,机械特性曲线比较平坦,转速随负载的变化不大,故称这种机械特性为硬特性。硬特性电动机适用于拖动要求恒速运行的生产机械,如水泵、风机和金属切削机床等。由于在额定负载范围内机械特性曲线近似为直线,故在此范围内电磁转矩与转差率近似成正比,即 $\frac{T}{T_N} \approx \frac{s}{s_N}$。因此,在额定范围内可根据铭牌额定数值来近似计算任一转速下的负载转矩 T,或任一负载转矩下的转差率(或转速)。

2. 最大转矩 $T_{\max}$

图 3-9 所示的 $T = f(s)$ 曲线中,有一个最大转矩 $T_{\max}$ 值存在,称为异步电动机的最大转矩,反映过载能力。

该最大转矩可由式(3-10)对 s 求导数,并令其等于零求得,即

$$\frac{\mathrm{d}T}{\mathrm{d}s} = \frac{\mathrm{d}}{\mathrm{d}s}\left[K'_T \frac{sR_2 U_1^2}{R_2^2 + (sX_{\sigma 20})^2}\right] = K'_T \frac{\left[R_2^2 + (sX_{\sigma 20})^2\right]R_2 U_1^2 - sR_2 U_1^2 (2sX_{\sigma 20}^2)}{R_2^2 + (sX_{\sigma 20})^2} = 0$$

求得 $s = s_m = \frac{R_2}{X_{\sigma 20}}$,取 $s_m = \frac{R_2}{X_{\sigma 20}}$ 有意义,则有

$$T_{\max} = K'_T \frac{U_1^2}{2X_{\sigma 20}} \qquad (3-12)$$

从式(3-12)可见,$T_{\max}$ 与电机外加电压 U_1 的平方成正比(即 $T_{\max} \propto U_1^2$),与 $X_{\sigma 20}$ 成反比,而与 R_2 无关;s_m 与 R_2 成正比,与 $X_{\sigma 20}$ 成反比。当改变 R_2 时,$T_{\max}$ 大小不变,而改变了电动机的转速和转差率,利用这一特点在绕线式转子电路中外串电阻,可以人为地改变电动机的转速,实现调速。$T_{\max}$ 与 U_1 及 R_2 的关系曲线分别如图 3-11 及图 3-12 所示。

当异步电动机的负载转矩超过最大转矩 $T_{\max}$ 时,电机将发生"堵转"现象,此时电动机电流升高几倍。如果时间较短,电机不致过热;如果时间过长,电机在无保护设备时会因电流过大而使绕组烧毁。电动机负载达到最大转矩 $T_{\max}$,称为过载,常用过载系数 λ_m 来标定异步电动机的过载能力,即

$$\lambda_m = \frac{T_{\max}}{T_N} \qquad (3-13)$$

式中,T_N 为电动机额定转矩,一般三相异步电动机的过载系数 $\lambda_m = 1.6 \sim 2.5$。

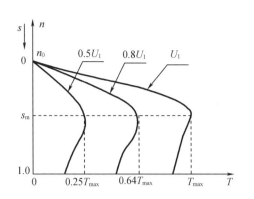

图 3-11 定子电压 U_1 对机械特性的影响

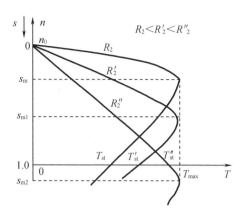

图 3-12 转子电阻 R_2 对机械特性的影响

3. 启动转矩 T_{st}

异步电动机接通电源电压 U_1 时,由于转子转速 $n=0$,转差率 $s=1$,此时电机的电磁转矩称为启动转矩。

当 $s=1$ 时,由式(3-10)可得出

$$T_{st} = K_T' \frac{R_2 U_1^2}{R_2^2 + X_{\sigma 20}^2} \qquad (3-14)$$

由式(3-14)可见,T_{st} 与 U_1^2 成正比(即 $T_{st} \propto U_1^2$),与 R_2 也有关,如图 3-12 所示。由式(3-10)及 $s_m = \dfrac{R_2}{X_{\sigma 20}}$ 与式(3-14)比较可知,当 $R_2 = X_{\sigma 20}$ 时,$T_{st} = T_{max}$,$s_m = 1$。但 R_2 继续增大,T_{st} 将会减小。

启动转矩与额定转矩之比称为启动转矩倍数,用 λ_s 表示,即

$$\lambda_s = \frac{T_{st}}{T_N} \qquad (3-15)$$

一般三相鼠笼式电动机的 $\lambda_s = 1.0 \sim 2.2$。

如图 3-13 所示,异步电动机的转速 n 在电机正常运行的范围内随负载 P_2 的变化不大,所以 $n = f(P_2)$ 曲线是一条稍许下倾的近似直线。

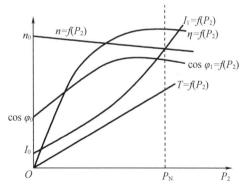

图 3-13 异步电动机工作特性

如果略去电动机的机械损耗,那么 $P_2 \approx T \dfrac{2\pi n}{60}$,则

$$T = \frac{30}{n\pi}P_2 \qquad\qquad (3-16)$$

式中，P_2 的单位为 kW；n 的单位为 r/min；T 的单位为 N·m。

由于电动机在正常运行范围内，转速 $n = f(P_2)$ 曲线变化不大，近似为直线，故 $T = f(P_2)$ 也近似为一直线。电动机定子绕组电流 I_2 随负载 P_2 的增加而增加。

如前所述，异步电动机在空载时功率因数很低，随负载 P_2 增加，开始时 $\cos\varphi_1$ 增加较快，通常在额定负载 P_{2N} 时达最大值，当负载再增加时，由于转差率 s 增大，使转子漏感抗 $X_{\sigma2} = sX_{\sigma20}$ 变大，因而使 $\cos\varphi_2$ 反而降低。

电动机的效率 η 随负载 P_2 的增大，开始时增加较快，通常也在额定负载时达到最大值，此后 η 随 P_2 的增加而略有下降。

【课后练习】

任务实施	任务评价(满分10分)			得分
三相异步电动机的电磁转矩与电源电压有何关系？在额定负载下，电源电压降低对电动机主磁通、转速、转子电流和定子电流有何影响？	正确，合理，语言表达清晰、流畅(8~10分)	大致正确，语言表达清晰、流畅(6~8分)	不能清晰流畅解释该问题(0~5分)	

任务 3.4 单相异步电动机的应用

【任务导入】

单相异步电动机是由单相交流电源供电，被广泛应用于生产和人民生活的各个方面，尤其家用电器、电动工具、医疗器械等使用的最多。由于与同容量的三相异步电动机相比，其体积大、运行性能差，因此一般只做成小容量的，从几瓦到几百瓦不等。

【任务分析】

单相异步电动机是由单相交流电源供电的旋转电机，其定子绕组为单相。当接入单相交流电时，它在定转子气隙中会产生一交变脉动磁场，所以单相异步电动机不能自启动。

【任务实施】

3.4.1 单相异步电动机的磁场

如图 3-14 所示，定子仅有一个工作绕组的单相异步电动机当其定子绕组接通单相电源后，绕组中的单相正弦电流所产生的磁场是在空间不旋转的交变脉动磁场。这个磁场的轴线，就是定子绕组的轴线，在空间保持一固定位置。由于没有旋转磁场，所以单相异步电动机没有自启动能力。但是借助外力，例如用手将转子向某一方向拨动一下，则电动机就在该方向上自行加速并达到稳定转速。

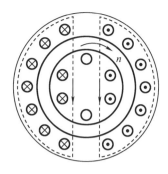

图3－14　单相异步电动机中的脉动磁场

如果三相异步电动机的三相电源的某一相发生断路故障，则三相电源就变成了单相电源，三相绕组变成两相串联的单绕组，定子磁场变为脉动磁场。这就和单相异步电动机一样，失去了自启动能力。若三相异步电动机在运行中发生断相，则将继续转动。若在重载下发生断相将产生过大的电流，无过载保护下会因过热而烧毁绕组。

3.4.2　单相异步电动机的机械特性

图3－15表明不同瞬时两个转向相反、转速相同的旋转磁场的磁感应强度幅值在空间的位置，以及由它们合成的脉动磁场 B 随时间变化的情况。

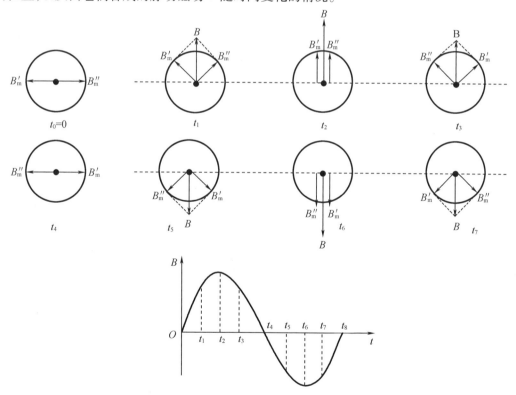

图3－15　两个转向相反旋转磁场合成脉动磁场图

将交变脉动磁场等效为双旋转磁场，这两个旋转磁场以同一转速 n_0 向相反方向旋转，其 n_0 为

$$n_0 = \pm\frac{60f_1}{p} \tag{3-17}$$

$$B_m = \sin \omega t$$

双旋转磁场的磁感应强度 B 的幅值相等，并且等于脉动磁场的磁感应强度幅值的 $1/2$，即

$$B'_m = B''_m = \frac{1}{2}B_m \tag{3-18}$$

在 $t = 0$ 时，两个旋转磁场的磁感应强度 B'_m 和 B''_m 反相，其合成磁感应强度为 $B = 0$；到 $t = t_1$ 时刻，B'_m 和 B''_m 按相反方向各在空间转过了 ωt_1 角度，其合成磁感应强度为

$$B = B'_m \sin \omega t_1 + B''_m \sin \omega t_1 = 2 \times \frac{B_m}{2} \sin \omega t_1 = B_m \sin \omega t_1 \tag{3-19}$$

以此类推，任何时刻 t，合成磁感应强度应为

$$B = B_m \sin \omega t_1 \tag{3-20}$$

同三相异步电动机原理一样，笼形转子在旋转磁场的作用下应产生电磁转矩。这里正向旋转磁场，应产生正向电磁转矩 T_+；反向旋转磁场，应产生反向电磁转矩 T_-。

如果电动机的转子是静止的，两个转向相反的旋转磁场产生的转矩因大小相等、方向相反而互相抵消，此时，启动转矩为零。如果将电动机转子推动一下，则电动机会沿推动的方向转动起来。这是因为，与推力转向相同的旋转磁场对转子的作用与三相异步电动机一样，它相对转子的转差率和转子频率分别为

$$s' = \frac{n_0 - n}{n_0} \tag{3-21}$$

$$f'_2 = s'f_1 \tag{3-22}$$

而反向旋转磁场相对转子的转差率为

$$s'' = \frac{-n_0 - n}{-n_0} = \frac{n_0 + (1-s')n_0}{n_0} = 2 - s' \tag{3-23}$$

因此，反向旋转磁场在转子中产生的感应电动势很大，电流的频率也很高。

$$f''_2 = s''f_1 = (2-s')f_1 \approx 2f_1 \tag{3-24}$$

在此频率下，转子感抗增大，而决定反向转矩大小的 $I_2\cos \varphi_2$ 很小，正向旋转磁场和反向旋转磁场对转子产生的转矩虽然方向相反，但大小不等，且 $T_+ \gg T_-$，故使电动机转子做正向旋转。

如图 3-16 所示，由单相异步电动机的机械特性 $n = f(T)$ 可看出如下特点：

(1)当转速 $n = 0$ 时，电磁转矩 $T = 0$。无启动转矩，电动机不能自行启动。

(2)当转速 $n > 0$，转矩 $T > 0$。机械特性在第一象限，电动机是正向拖动转矩。如果由于外在原因使电动机正转后，电磁转矩可使电动机继续正转运行。反之当转速 $n < 0$，$T < 0$，机械特性在第四象限，T 为反向拖动转矩。如果电动机反转了，仍能继续反转运行。所以只要有一个初始转速 n 使所产生的转矩 T 大于阻转矩，则转子就会继续加速并达到稳定转速。

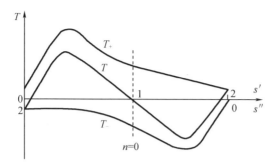

图3-16 单相异步电动机机械特性

3.5.3 单相异步电动机的启动方法

单相异步电动机没有启动转矩,这是它的缺点。因此,需要用某种特殊方法使其启动。单相异步电动机启动的条件:定子应具有在空间不同相位的两个绕组,然后两相绕组通入不同相位的交流电流。实际的单相异步电动机定子中总是放入两个绕组,一个为工作绕组,另一个为启动绕组,两绕组在空间相隔90°电角度。如果两绕组分别通入在相位上相差90°的两相电流,则能产生旋转磁场。

1. 电容分相法和电阻分相法

分相就是使在单相电压作用下的两绕组中产生不同相位的电流。绕组有空间相位差、电流有时间相位差,便能产生旋转磁场。在启动绕组电路中串入适当的电容C(图3-17),使启动绕组的电流超前于工作绕组电流近90°。因为磁场的方向与最大电流绕组的轴线一致,所以磁场就依绕组电流相序方向转动,这就是电容分相法。电阻分相法是在启动绕组电路串电阻或使启动绕组的"阻/抗比"大于工作绕组的,都能使两绕组中的电流不同相位。

在旋转磁场的作用下转子启动,待转速升高后离心开关S断开启动绕组,此后电动机以单相机械特性运行。电流分相法的启动绕组通常只允许短时启动用。电流分相式的反转方法是将其中某一绕组反接,即改变绕组两端接电源的极性。

图3-18为经常正反转的单相电容器异步电动机(称为两相异步电动机)接线原理,运行时电容器仍接在两绕组的任一电路中,以改善电动机的运行性能。

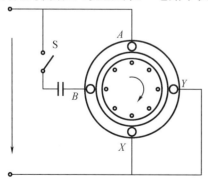

图3-17 电容分相启动原理

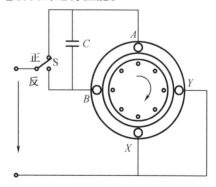

图3-18 经常正反转的单相电容器异步电动机接线原理

2. 交流电源分相式电路

其分相式电源如图 3 - 19(a)所示,其相量图如图 3 - 19(b)所示。从相量图可知,$\dot{U}_{AB}$ 与 $\dot{U}_{DC}$ 相位差为 90°。将 $\dot{U}_{AB}$ 和 $\dot{U}_{DC}$ 分别接于单相异步电动机两个绕组,可以实现启动和运行。

3. 罩极式(磁通分相式)

罩极式单相异步电动机结构如图 3 - 20 所示,定子多为凸极式,磁极上绕有单相绕组,用于产生单相脉动磁场。每一磁极约 1/3 的端面被嵌套一短路铜环,当交变磁通穿过短路环时,在短路环中引起感应电势和楞次电流,以反抗磁通的变化。这样就使罩极部分磁通的变化滞后于非罩极部分的变化,使这两部分磁通有空间和时间的相位差,从而形成了由非罩极部分向罩极部分转动的磁场,使转子转动。

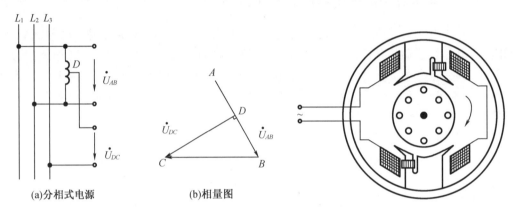

(a)分相式电源 　　　　　(b)相量图

图 3 - 19　交流电源分相式电路　　　图 3 - 20　罩极式单相异步电动机结构

因为罩极是固定不变的,所以转动方向不能改变。此外,它的启动转矩很小。因此,这种电动机多用于转动方向固定不变和启动阻力不大的电器,如电风扇和小型电钻等电动工具。

【课后练习】

任务实施	任务评价(满分10分)			得分
根据图 3 - 16 单相异步电动机机械特性示意图,解释说明单相异步电动机的机械特性的特点。	正确,合理,语言表达清晰、流畅(8 ~ 10 分)	大致正确,语言表达清晰、流畅(6 ~ 8 分)	不能清晰、流畅解释该图含义(0 ~ 5 分)	

【项目小结】

本项目重点介绍了异步电动机的结构特点、旋转原理,分析定子、转子电路和异步电动机的重要特性,为异步电动机的选择及各种控制提供理论基础。通过四个任务的学习,应该具有能够正确安装、使用三相异步电动机的岗位核心技能;同时通过理论知识的学习能正确分析、判断三相异步电动机的常见故障,能够使用万用表对故障进行排除。

项目4　同步电机的应用与维护

知识目标

- 同步电机的基本结构；
- 同步电机的励磁方式；
- 同步发电机的空载特性；
- 同步发电机的电枢反应。

能力目标

- 能正确安装、使用同步发电机和电动机；
- 能正确分析同步发电机的运行特性；
- 能正确分析自励发电机的建压条件。

任务4.1　同步电机的基本结构

【任务导入】

同步电机是一种交流电机,在现代电力工业中,无论是火力发电、水力发电或柴油机发电等,几乎全部采用同步发电机。船舶交流电站也都采用同步发电机。同步电机除主要作为发电机外,还可作为电动机。

【任务分析】

同步电机是由定子和转子两大部分组成的。定子铁芯、转子铁芯和定、转子间的气隙构成同步电机的磁路。

【任务实施】

4.1.1　同步电机的结构

1. 定子电枢的构造

定子为电枢的同步电机,其定子构造和异步电机基本相同。定子铁芯由硅钢片叠成。定子铁芯槽内嵌放的三相对称绕组也是依次相差120°空间电角度或120°/p 空间机械角度。三相绕组又称电枢绕组,是同步电机的交流电路部分,其作为电力发电机三相绕组基本上采用星形连接。

2. 转子构造

旋转磁极式同步电机转子是直流磁极,产生恒定的磁极主磁通。转子磁极有两种结构形式,即隐极式(图4-1(a))和凸极式(图4-1(b))。

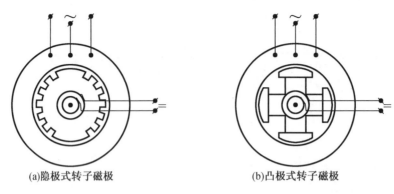

(a)隐极式转子磁极　　　　　　　　(b)凸极式转子磁极

图 4-1　转子磁极

隐极式转子铁芯是由导磁性能好的合金钢锻成的圆柱形整体(或组合体),或是将隐式磁极及其磁轭整片冲出,然后叠装在轴上。隐极式转子同步电机的气隙是均匀的。为使得沿 N、S 极的圆周气隙中磁密的分布接近于正弦规律,每一磁极的励磁线圈是分布式嵌放在转子圆周铁芯槽内的(图 4-2)。隐极式转子能承受较大的离心力,适用于较高转速(3 000 r/min 或 1 500 r/min)的发电机组,如汽轮发电机和一些柴油发电机。凸极式转子有凸出的磁极(图 4-3),磁极由 1~1.5 mm 厚的钢板冲片叠成;也有的采用锻钢或铸钢的实心磁极。每个磁极都套有一个集中的励磁线圈,磁极固定在转子磁轭上。凸极式转子同步电机的气隙是不均匀的。每一磁极顶面中心轴线处的气隙和磁阻最小,磁密最高;从磁极中心向两侧的气隙则逐渐增大,磁密逐渐减小。由于凸极离心力较大,所以宜用于中低速的水轮发电机和柴油发电机。

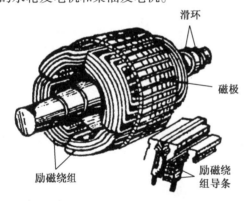

滑环

磁极

励磁绕组

励磁绕组导条

图 4-2　隐极式转子

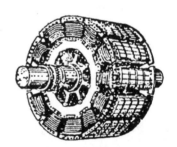

图 4-3　凸极式转子

船舶柴油发电机多采用凸极式的,但近年来隐极式船舶柴油发电机逐渐增多。

各磁极励磁线圈连接后构成同步电机的直流电路,各励磁线圈之间的连接极性应使得所产生的磁极极性 N、S 相间。为从外部将直流励磁电流引入旋转的励磁线圈中,须将励磁绕组的两个出线端分别接到固定在转轴上的两个滑环上,两个滑环彼此绝缘并对轴绝缘。通过固定的电刷装置与滑环的滑动接触将直流电流引入励磁线圈。

有些磁极铁芯顶面圆周槽内还嵌放短路的鼠笼条,称为阻尼绕组。阻尼绕组对暂态过程中可能引起的转子振荡起阻尼作用,有增强同步发电机并联运行的稳定性、抑制柴油机的谐波转矩和加大自整步力矩等的作用,同时它也能提高发电机承担不对称负载的能力。

对于同步电动机阻尼绕组,它也是作为异步启动的"启动绕组"的。

4.1.2 同步发电机的基本类型

(1)同步发电机按定子和转子的结构及作用不同有两种类型,即旋转磁极式和旋转电枢式。

旋转电枢式的定子是磁极,磁极固定在铁芯机壳(磁轭)上,转子是电枢,转子铁芯圆周槽内嵌放对称的三相电枢绕组,三相绕组的三个出线端和中线分别接到固定在轴上的彼此绝缘的四个滑环上,通过电刷机构对外引出三相四线。有些小容量的同步电机和特殊用途的发电机(如励磁机)采用旋转电枢式结构。

(2)同步发电机按励磁电源的不同有两种基本类型,即自励的和他励的。

凡以发电机本身的电枢绕组(或辅助绕组)为励磁电源的称为自励的。这种励磁系统是将发电机交流电,经二极管整流变成直流后引入励磁绕组。如图4-4所示,这是一种自励同步发电机的单线原理图。自励发电机通常是靠磁极的剩磁进行初始起励建压的。

凡设有专用励磁电源的称为他励的。这种专用励磁电源通常是与发电机同轴的一个小容量的直流或交流的励磁(发电)机。直流励磁机在船上几乎不再采用,大多采用转枢式小型同步发电机为励磁机。这种励磁机的旋转电枢发出三相交流电,通过与之同轴旋转的二极管整流器变成直流后直接引入到发电机转子励磁绕组中。由于它省去了滑环电刷机构,故称为无刷同步发电机。无刷同步发电机与励磁机之间的相互励磁关系如图4-5所示。由于没有电刷机构,从而提高了运行的可靠性,并减轻了维修的负担。

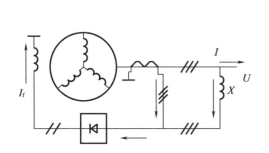

图4-4 自励同步发电机的单线原理图

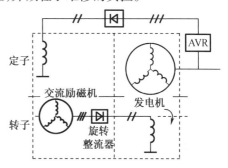

图4-5 无刷同步发电机与励磁机之间的相互励磁关系

【课后练习】

任务实施	任务评价(满分10分)			得分
凸极式和隐极式同步发电机各有什么特点?应用上有什么不同?	正确,合理,语言表达清晰、流畅(8~10分)	大致正确,语言表达清晰、流畅(6~8分)	不能清晰、流畅解释(0~5分)	

任务4.2　同步发电机的基本特性

【任务导入】

由于同步发电机一般采用直流励磁,当其单机独立运行时,通过调节励磁电流,能方便地调节发电机的电压。若并入电网运行,因电压由电网决定,不能改变,此时调节励磁电流的结果是调节了电机的功率因数和无功功率。

【任务分析】

作为发电机运行的同步电机是一种最常用的交流发电机。在现代电力工业中,它广泛用于水力发电、火力发电、核能发电以及柴油机发电。因此,同步发电机的基本特性包括空载特性和带负载时的特性,在此基础上重点介绍了同步发电机的外特性和调节特性,这是应该掌握的岗位核心技能。

【任务实施】

4.2.1　空载特性

三相同步发电机励磁绕组中通入一定的直流励磁电流并以额定转速空载运行时,在三相电枢绕组中产生对称的三相正弦空载电动势,其瞬时值为

$$e_A = E_m \sin \omega t$$
$$e_B = E_m \sin(\omega t - 120°) \quad e_C = E_m \sin(\omega t + 120°) \tag{4-1}$$

空载电动势的有效值为

$$E_0 = E_m / \sqrt{2} = 4.44 k f n \Phi_0 \tag{4-2}$$

式中,Φ_0 为每极下的总磁通。空载电动势的频率 f 与转子的转速 n 和磁极对数 p 成正比,即

$$f = \frac{pn}{60} \tag{4-3}$$

由式(4-2)和式(4-3)可得

$$E_0 = K_e \Phi_0 n \tag{4-4}$$

式中,K_e 为电势常数。式(4-4)表明主磁通和转速的变化都会引起发电机空载电动势的变化。

保持发电机额定转速不变时,空载电动势随励磁电流变化的关系曲线称为空载特性曲线,如图4-6所示。由于 $E_0 \propto \Phi_0$,而磁通与励磁电流是磁化曲线关系,所以 E_0 与 I_f 的关系曲线具有磁化曲线的特点。

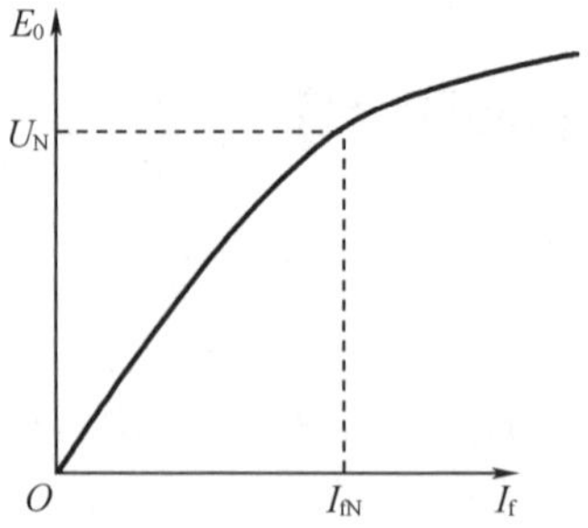

4.2.2　外特性和调节特性

图4-6　同步发电机空载特性

1.外特性 $U = f(I)$

发电机有负载后其端电压与空载时不同,当保持额定转速不变且保持一定的负载功率

因数和励磁电流不变时,发电机的端电压随电枢电流变化的特性 $U = f(I)$,称为外特性。发电机有载端电压的变化不仅与负载电流的大小有关,而且与负载的功率因数有关。因为不同性质的负载所产生的电枢反应效应不同,因而对电枢绕组中的感应电势及其端电压的影响不同。图 4 – 7 为三种不同性质负载下的同步发电机的外特性曲线。对电感性负载因有去磁效应,端电压随负载电流的增加而下降;对电容性负载则其端电压将随负载电流的增加而增加;对电阻性负载因为交磁电枢反应占主导,所以电压下降较小。

发电机的外特性对用电设备有重要影响,大多数负载要求在恒定的电压下运行。为表明同步发电机从满负荷的额定电压 U_N ,到切除全部负荷后的空载电压 U_0 之间的电压相对变化程度,通常用电压变化率 $\Delta U\%$ 表示,即

$$\Delta U\% = \frac{U_0 - U_N}{U_N} \times 100\% \tag{4-5}$$

同步发电机在 $\cos \varphi = 0.8$(滞后)的负载时,其电压变化率为 20% ~ 40% ,一般不超过 50% ,以防自动励磁系统失灵而出现过高电压。

2. 调节特性 $I_f = f(I)$

为使同步发电机的电压基本不随负载而变,就需要根据负载电流的大小和负载性质提供相应的励磁补偿曲线,以抵偿因电枢反应引起的电压变化。同步发电机在额定转速和一定的负载功率因数下,为保持端电压基本不变,励磁电流 I_f 随负载电流 I 而变化的关系 $I_f = f(I)$,称为调节特性。图 4 – 8 所示为三种不同负载时的同步发电机的调节特性曲线。

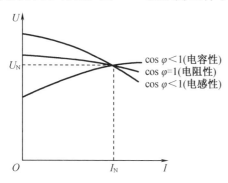

图 4 – 7 同步发电机的外特性曲线

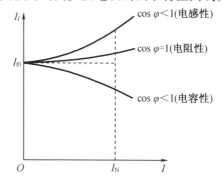

图 4 – 8 同步发电机的调节特性曲线

【课后练习】

任务实施	任务评价(满分10分)			得分
简述同步发电机的外特性和调节特性。	正确,合理,语言表达清晰、流畅(8 ~ 10 分)	大致正确,语言表达清晰、流畅(6 ~ 8 分)	不能清晰、流畅解释(0 ~ 5 分)	

任务4.3 同步电动机的应用

【任务导入】

同步电机作为电动机运行时它的电枢接三相电源,轴上拖动机械负载,它从电源吸收电功率并将其转换成转子的机械功率。同步电动机广泛用于拖动恒速大容量的生产机械,如空气压缩机、粉碎机、鼓风机和水泵等。电力推进船舶也有采用同步电动机拖动螺旋桨的。

【任务分析】

同步电动机属于交流电机,定子绕组与异步电动机相同。它的转子旋转速度与定子绕组所产生的旋转磁场的速度是一样的,所以称为同步电动机。

【任务实施】

4.3.1 转动原理与启动

当并联运行同步发电机的原动机失去动力时它将变成电动机运行状态,所以同步电机轴上有阻力矩时仍能以同步转速运行,此时转子与旋转磁场之间是靠异极相吸的作用使转子被旋转磁场拉着转动的,所以转子的转速是同步转速,$n = 60f/p$,这就是电动机运行状态。由于电动机状态轴上有机械负载,因此同步电动机主磁场的方向落后于电枢电流旋转磁场的方向,轴上的机械阻转矩越大落后的角度(功率角 θ)越大。其额定功率角一般不超过 $300°$,其最大转矩($\theta = 90°$)与额定转矩之比大于异步电动机,故其过载能力强。由于转子的转速总是等于旋转磁场的同步转速,故同步电动机有绝对硬的机械特性。

同步电动机的缺点是没有自启动能力。当转子静止而电枢接通电网时,电枢旋转磁场以很高的同步转速相对于主磁极旋转,因转子有惯性,靠旋转磁场和转子磁极的异极相吸的作用不能拉动转子转动。例如,当旋转磁场的 N 极与磁极的 S 极相作用力图拉动转子随其转动,但转子还未动时旋转磁场的 S 极已转了过来,两极又产生相斥的作用而阻止转子转动,所以不能自启动。因此,同步电动机必须靠外力或辅助设备启动。

目前仍被广泛采用的启动方法是异步启动法。采用异步启动的同步电动机必须设有阻尼绕组(也称启动绕组),即在铁芯磁极的圆周面的槽中嵌入短路的鼠笼条。启动时同步电动机的励磁绕组不加励磁电流,当电枢绕组接通三相电源时,如同三相异步电动机一样先将转子启动起来;当转子的转速接近同步转速时再接通直流励磁电流,这时靠异极相吸的作用足以将转子拉入同步。为避免在启动过程中旋转磁场切割励磁绕组产生高压而损坏绝缘设备或危及人身安全,所以启动时励磁绕组不能开路;另外,励磁绕组也不能直接短路,而要串联一个适当的外接电阻 R 构成闭合回路,以避免产生过大的短路电流。外接电阻为励磁绕组电阻的 $5 \sim 10$ 倍。其操作方法是启动前用开关先将 R 接通励磁绕组,然后将电枢接通三相电源开始启动,待转速接近同步转速时用开关断开 R 并接通励磁电源,如图 $4-9$ 所示。

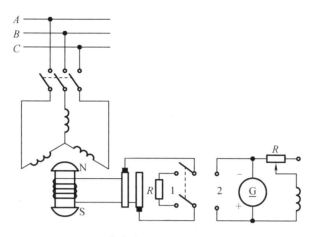

图4-9 同步电动机的异步启动接线原理图

4.3.2 电动机的电流

同步电动机从电网吸收的电功率 P_1 决定于其轴上输出的机械功率 P,它的无功功率可通过调节励磁电流来改变,可使电枢电流超前于电压、落后于电压或与电压同相位,其原理与发电机基本相同。其差别在于电动机的电动势相量 E_0 落后于电压相量 U,因此当过励磁时电流超前于电压,电动机相当于电容性负载;欠励磁时相当于电感性负载。由于用户中大量的负载是电感性的,为改善供电线路的功率因数,常使同步电动机工作于功率因数等于1或稍超前的功率因数下运行。轴上不带任何负载专用于改善功率因数的同步电机称为同步补偿机。

【课后练习】

任务实施	任务评价(满分10分)			得分
简述同步电动机实现自启动的工作原理。	正确,合理,语言表达清晰、流畅(8~10分)	大致正确,语言表达清晰、流畅(6~8分)	不能清晰、流畅解释(0~5分)	

【项目小结】

本项目重点介绍了同步发电机与同步电动机的应用与维护,讲解了三个任务:同步电机的基本结构、同步发电机的基本特性、同步电动机的应用。通过这三个任务的学习,应掌握同步电机的基本结构,能做到正确地拆装与维修;同时还应掌握同步发电机的基本特性等理论知识;对于同步电动机也应该有一个初步的了解,能够解决一些简单的工作任务。

项目 5　控制电机的应用

知识目标

- 伺服电动机的工作原理；
- 测速发电机的工作原理。

能力目标

- 能正确使用伺服电动机；
- 能正确使用测速发电机。

任务 5.1　伺服电动机

【任务导入】

在自动控制系统中，作为执行元件的伺服电动机，是把控制信号转变为伺服电动机轴的角位移或角速度输出，转轴的转向和转速，随控制信号电压的极性（相位）和大小而改变，并同时带动一定大小的负载，去完成控制规律所要求的性能指标。

【任务分析】

伺服电机应具有伺服性。控制信号强时，电动机的转速高；控制信号弱时，电动机转速低；若控制信号为零时，电动机就应该停止。若控制信号改变极性（或相位）时，电动机应改变转向。

【任务实施】

在雷达天线控制系统中，雷达发射机经过天线发送出无线电波束，遇到目标时，其反射回波信号被雷达接收机接收。雷达接收机将目标的方位和距离确定后，向伺服电动机送出电信号，伺服电动机按照目标方位和距离信号拖动雷达天线不断地跟踪目标转动。

5.1.1　交流伺服电动机

交流伺服电动机就是两相异步电动机。它的定子上装有两个绕组，一个是励磁绕组，接固定的交流电源；另一个是控制绕组，接收控制信号。两个绕组在空间上相隔90°。

交流伺服电动机的转子目前有两种，鼠笼转子和杯形转子。鼠笼转子和三相笼形异步电动机转子相似。但在结构上，为了减小转动惯量常做成细长形，并且转子导体采用高电导率的铝或黄铜制成。杯形转子通常用铝合金或铜合金制成空心薄壁圆筒，以便减小转动惯量。此外，空心杯形转子内放置固定的内定子，目的是减小磁路的磁阻。杯形转子伺服电动机结构图如图 5 - 1 所示。交流伺服电动机的接线图如图 5 - 2 所示。励磁绕组 V 与电容串联接到单相交流电源电压上,控制绕组 U 接于同频率交流电压或功率放大器的输出端。

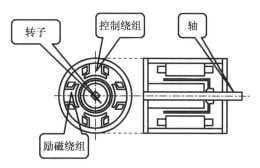

图 5-1 杯形转子伺服电动机结构图

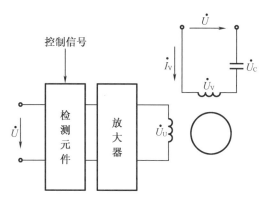

图 5-2 交流伺服电动机的接线图

励磁绕组串接电容,同单相异步电动机分相原理相同。适当选择电容 C 的数值,可使励磁电流 $\dot{I}_V$ 超前于电压 $\dot{U}$,从而使励磁绕组的端电压 $\dot{U}_V$ 与电源电压 $\dot{U}$ 间有近 $90°$ 的相位差。而控制绕组的电压 $\dot{U}_U$,其频率与 $\dot{U}$ 及 $\dot{U}_V$ 相同,而相位与 $\dot{U}$ 相同或相反(对应伺服电动机的正转或反转)。励磁绕组和控制绕组中的电流相位差基本上是 $90°$,这样便产生两相旋转磁场。$\dot{U}_U$ 的大小取决于控制信号的大小,从而决定电动机转速的快慢。调节 $\dot{U}_U$ 的大小可以控制伺服电动机的转速。

当控制绕组 U 中没有控制信号($\dot{U}_U = 0$)时,电动机处于单相状态,励磁绕组 V 所产生的磁场是脉动磁场。转子没有启动转矩,静止不动。当控制绕组加上控制电压 $\dot{U}_U$ 时,电动机处于两相状态,定子内合成磁场是一个旋转磁场,产生驱动转矩,使转子转动起来。控制电压的大小变化时,转子转速随着变化。当控制电压反相时,旋转磁场和转子则都反转。

在运行时控制电压消失,即 $\dot{U}_U = 0$,两相伺服电动机将变成一台单相异步电动机。一般的单相电动机会继续旋转,因为这时仍有与转子同转向的电磁转矩 T 存在,这不符合自动控制的要求。在自动控制系统中,要求控制信号消失时,电动机能自动立即停转,称为自制动。

为了使两相伺服电动机能够自制动,设计电机时,必须将电机的转子电阻增大,使发生最大电磁转矩的转差率 $s_m > 1$,这时伺服电动机单相运行时产生的合成电磁转矩 T 的方向与转子的转向相反,起制动作用,使电动机实现自制动。转子电阻加大后,还可以加宽稳定运行的范围($0 < s < 1$),有利于转速的调节。同时提高了启动转矩,可以使电机启动迅速。

交流伺服电动机的机械特性和在不同控制电压下的人为机械特性,如图 5-3 所示。在一定负载转矩 T_L 下,控制电压 U_U 越大,则转速 n 也越高;在一定控制电压下,负载转矩加大,转速下降。另外,特性曲线的斜率也随控制电压的大小不同而变化,表现为机械特性较软,这对由交流伺服电动机为执行元件的控制系统的稳定是不利的。交流伺服电动机的输出功率,一般为 $0.1 \sim 100$ W。电源频率有 50 Hz 和 400 Hz 之分。

交流伺服电动机的调节特性,可由机械特性得到。如图 5-4 所示,该调节特性属幅值控制,即改变控制电压 U_U 的大小电动机转速随之改变的关系曲线。从图 5-4 中看到,幅值控制的调节特性也不是直线,只当 n 较低时近似为直线。因此,交流伺服电动机在伺服系统中为保证系统动态误差要求,应尽量使电动机的调节特性工作于 n 较小的区域。为此,许多交流伺服电动机采用 400 Hz 的交流电源,用以提高其同步转速 n_0。

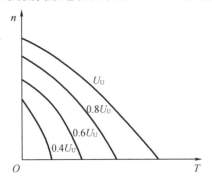

图 5-3 U_V 为常数时 $n = f(T)$ 曲线

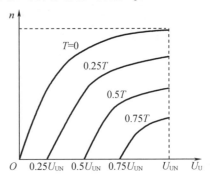

图 5-4 交流伺服电动机调节特性

从调节特性上看出,负载转矩大时,初始启动电压也高。由于交流伺服电动机输出功率 $P_2 = T_2\omega \approx T\omega$,在控制电压 U_U 一定的条件下,若转速低,即 ω 小,输出功率 P_2 也很小,若转速接近理想空载转速时,虽然 ω 高,但 T 很小,输出功率也不大。只有当负载转矩为电机的额定转矩 T_N,且转速也达到额定转速 n_N 时,电动机可输出最大功率,通常规定为电动机的额定输出功率 P_N。所以,交流伺服电动机的额定输出功率的规定方法与普通电机是不同的。

交流伺服电动机的缺点是控制特性是非线性的,转速与控制电压间是非线性关系,属于非线性控制。在这点上,其控制性能不如直流伺服电动机。

5.1.2 直流伺服电动机

直流伺服电动机的结构和一般直流电动机没有本质上区别,就是微型的他励直流电动机,只是为了减小转动惯量而做得细长一些。它的励磁方式通常有他励式和永磁式两种。直流伺服电动机的控制方式,通常采用保持励磁磁通一定,控制电枢电压的方式(电枢控制)。

电枢控制直流伺服电动机的接线图如图 5-5 所示。励磁绕组长期接在一个电压恒定的直流电源 U_1 上,或采用永久磁铁。电枢绕组接到控制电压 U_2 上,作为控制绕组。改变控制电压 U_2 的数值,直流伺服电动机则处于改变电枢电压的调速状态,它的机械特性是一族平行直线,如图5-6所示。

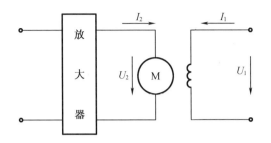

图5-5 直流伺服电动机的接线图

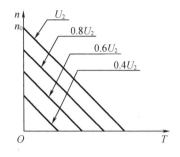

图5-6 直流伺服电动机的机械特性

直流伺服电动机的调节特性曲线如图5-7所示,就是电动机在一定转矩下,转速 n 与电枢控制电压 U_2 的关系。当 T 一定时,电枢控制电压 U_2 高时,转速 n 也高,而且控制电压的增加与转速的增加之间成正比关系;另外,当转速 $n = 0$ 时,不同的转矩 T 需要不同的控制电压 U_2,如 $T = T'$,$U_2 = U'_K$。这表明,只要 $U_2 > U'_K$,电动机才能转动起来,而当 U_2 为 $0 \sim U'_K$,尽管有控制电压,电机仍然堵转。一般称 $0 \sim U'_K$ 为死区,或失控区。称 U'_K 为对应 T' 下的始动电压。T 不同,始动电压也不同。当 $T = 0$ 时,即电动机为理想空载时,只要 $U_2 > 0$,电动机即可转动。

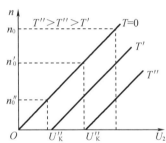

图5-7 直流伺服电动机的调节特性曲线

直流伺服电动机当控制电压改变极性时,电动机的转向也改变,所以实现可逆调速或伺服控制是直流伺服电动机的重要性能。直流伺服电动机,常用于功率稍大的自动控制中,尤其以随动系统应用更为普遍。电机的输出功率一般为 $1 \sim 600$ W。直流伺服电动机与交流伺服电动机相比较,直流伺服电动机的机械特性较硬。

【课后练习】

任务实施	任务评价(满分10分)			得分
如何改变交流伺服电动机的转动方向? 交流伺服电动机在控制电压为零时,为什么能够迅速停止转动?	正确,合理,语言表达清晰、流畅(8~10分)	大致正确,语言表达清晰、流畅(6~8分)	不能清晰、流畅解释(0~5分)	

任务 5.2 测速发电机的应用

【任务导入】

测速发电机是把机械转速变换为与转速成正比的电压信号的微型电机。在自动控制系统和模拟计算装置中,作为检测元件、解算元件和角加速度信号元件等,测速发电机得到广泛的应用。在交流、直流调速系统中,利用测速发电机构成双闭环中的速度反馈可以大大改善控制系统性能,提高系统精度。

【任务分析】

测速发电机的输出电压与转速应保持严格的线性关系。电机的转动惯量要小,以便保证测速发电机的响应速度;灵敏度要高,即输出电压对转速的变化反应要灵敏;抗外界环境温度、无线通信信号、噪声干扰的能力要强;结构简单,工作可靠,体积小,质量轻。

【任务实施】

目前测速发电机主要有以下几类:

(1)直流测速发电机,又分为永磁式直流测速发电机,国产型号为 CY 系列;电磁式直流测速发电机,国产型号为 ZCF 系列。

(2)交流测速发电机,可分为同步测速发电机,国产型号为 CG 型(感应式);异步测速发电机,国产型号为 CK 型(空心杯式)、CL 型(笼形)。

(3)霍尔效应测速发电机(采用新原理、新结构)。

5.2.1 直流测速发电机

直流测速发电机是一种微型直流发电机,其中永磁式直流测速发电机不需要励磁绕组,采用永久磁极,用矫顽磁力较高的磁钢制成。电磁式直流测速发电机结构与直流伺服电动机相同,直流测速发电机的工作原理与他励直流发电机也相同。其原理接线图如图 5-8 所示。

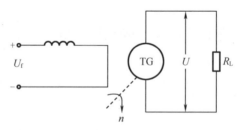

图 5-8 直流测速发电机原理接线图

在励磁电压 U_f 恒定条件下,旋转电枢绕组切割磁通产生感应电动势为 $E = K_E \Phi_N n = Kn$。当测速发电机空载时,电枢电流 $I_a = 0$,则直流测速发电机输出电压 $U = U_0 = E = K_E \Phi_N n = Kn$,因而输出电压与转速成正比。当测速发电机接负载电阻 R_L 时,电枢电流 $I_a \neq 0$,则输出电压应为 $U = E - I_a R_a$,其中 R_a 为测速发电机电枢回路总电阻,它包括电枢绕组电阻、电刷和换向器间的接触电阻。根据欧姆定律,电枢电流为 $I_a = U/R_L$。

将 $E = Kn$ 和 I_a 代入电压方程得

$$U = E - \frac{U}{R_L}R_a = \frac{K}{1 + \frac{R_a}{R_L}}n = Cn \tag{5-1}$$

式(5-1)表明,当 R_a、Φ_N、R_L 为恒定值时,C 为常数,U 仍与转速 n 成正比。但随负载电阻 R_L 不同,对应测速发电机有不同的输出特性。R_L 减小,输出特性斜率下降,$U = f(n)$ 的输出特性曲线如图5-9所示。

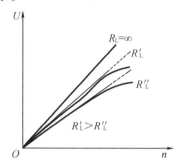

图5-9 $U = f(n)$ 的输出特性曲线

实际运行中,直流测速发电机的输出电压与转速之间并不保持严格的线性关系,而是如图5-9所示,R_L' 和 R_L'' 的弯曲特性与线性之间产生了误差。产生这种误差的原因主要是直流电机的电枢反应所导致的去磁作用,使 Φ_N 不是常数;还有电刷接触压降和温度影响等。改善的方法有多种,其中主要的是在定子磁极上安装补偿绕组,限制最高转速及接入适当的负载电阻 R_L。从工艺上,采用铜-石墨电刷或铜电刷-镀银换向器表面等,以减小接触压降。

5.2.2 交流异步测速发电机

1. 结构特点

目前应用较多的交流测速发电机,主要是空心杯形异步转子测速发电机。它的结构与杯形转子伺服交流电动机相同。转子为一个薄壁非磁性杯,用高电阻率的硅锰青铜或铝锌青铜制成,杯厚 0.2～0.3 mm,定子绕组为在空间保持90°的两相绕组,其中一个为励磁绕组,外加稳频稳压的交流电源;另一个作为输出绕组,其端电压作为测速发电机的输出电压 U_2。

2. 工作原理

当测速发电机静止时,励磁绕组接于额定交流电源,其电压为 U_1,频率为 f_1。于是,在励磁绕组的轴线方向产生一个交变脉动磁通,设幅值为 Φ_1。由于输出绕组与励磁绕组在空间相互垂直,则脉动磁通 Φ_1 不能在输出绕组中感应电动势,输出电压为零(实际上由于测速发电机的杯形转子形状不均匀、气隙不均匀及磁路不是完全对称等原因,造成输出端仍有不大于几十毫伏的残余电压),如图5-10(a)所示。

当测速发电机轴被其他执行机构带动而旋转时,输出绕组就有交流电压输出,设为 $\dot{U}_2$,$\dot{U}_1$ 与 $\dot{U}_2$ 同频率,大小与测速发电机轴的转速 n 成正比,如图5-10(b)所示。

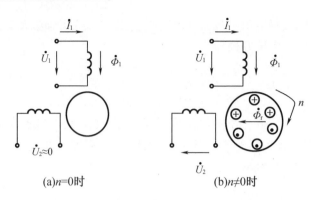

(a)$n=0$时　　　　　　　(b)$n\neq0$时

图 5 – 10　交流异步测速发电机电路原理图

当发电机旋转时,励磁绕组脉动磁通幅值为

$$\Phi_1 = \frac{U_1}{4.44f_1N_1} \qquad (5-2)$$

杯形转子可视为由无数并联导体条组成的笼型转子,在旋转时切割 Φ_1 而在转子中产生感应电动势 E_r 和相应的转子电流 I_r。E_r 和 I_r 又与磁通 Φ_1 和转速 n 成正比。即 $I_r \propto E_r \propto \Phi_1 n$。

转子电流 I_r 也要产生磁通 Φ_r,且 I_r 与 Φ_r 成正比,而磁通 Φ_r 与输出绕组的轴线方向一致,因而在该绕组中产生感应电动势,端电压为 U_2,则 U_2 也与 Φ_r 成正比,即 $U_2 \propto \Phi_r$。

由此可得出

$$U_2 \propto \Phi_r \propto I_r \propto E_r \propto \Phi_1 n \propto U_1 n$$

该关系表明,当励磁电压 $\dot{U}_1$ 一定时,测速发电机以转速 n 转动时,输出绕组产生输出电压 $\dot{U}_2$,其大小与转速 n 成正比。当转向改变时,输出电压 $\dot{U}_2$ 的相位也改变180°。可见,交流测速发电机同直流测速机相似,输出电压信号完全反映了转速信号的大小和转向,可以检测或调节与其机械相连的执行元件(伺服电动机)的转速。

实际的交流测速发电机有输出误差,其主要影响因素是励磁磁通 Φ_1 并非常数。因为励磁绕组与转子间的关系,相当于变压器一、二次绕组间的关系。励磁磁通 Φ_1 是由励磁电流和转子电流共同作用而产生的,转子电动势和转子电流与转子转速有关。当转速变化时,励磁电流 I_1 和磁通 Φ_1 均发生变化,使输出电压 U_2 与转速 n 之间的线性关系受到影响。

3. 交流测速发电机的选用原则

交流测速发电机,主要用于交流伺服系统和模拟解算装置中,根据系统的频率、电压、工作转速范围和用途,来选择交流测速发电机的规格。如用于一般转速检测或作为阻尼元件,应着重考虑输出电压的斜率要大;用于解算元件时,应着重考虑精度要高,输出电压的稳定要好,等等。

交流测速发电机与直流测速发电机相比较,交流异步测速发电机结构简单,维护容易,运行可靠;没有电刷和换向器间的滑动接触,输出稳定,精度高些,摩擦力矩小,转动惯量小,正反向电压对称度好。其缺点是存在相位误差和剩余电压;输出特性随负载性质而有所不同。因此,选用时,应在满足系统性能要求的条件下权衡利弊,合理选用。

【课后练习】

任务实施	任务评价(满分10分)			得分
交流测速发电机的转子静止时有无电压输出?转动时为何输出电压与转速成正比?	正确,合理,语言表达清晰、流畅(8~10分)	大致正确,语言表达清晰、流畅(6~8分)	不能清晰、流畅解释(0~5分)	

【项目小结】

本项目重点介绍了控制电机的应用,重点讲解了两个任务:伺服电动机和测速发电机的应用。通过这两个任务的学习,应该掌握控制电机主要是用于自动控制系统中作为检测、比较、放大和执行元件的,其任务是转换和传递控制信号。它要求高精度,高灵敏度,高稳定可靠性,体积小,质量小,耗电量少等。这类电机的特点是外形尺寸较小,机壳外径一般不大于 160 mm,功率一般不超过 750 kW,且结构简单,控制便利,响应速度快。其缺点是在力学指标和效率等方面,比普通电机要低。

项目6　电动机控制系统的安装与调试

知识目标

- 交流接触器的结构和工作原理；
- 时间继电器的结构和工作原理；
- 主令控制器的控制特点；
- 电气控制原理图的绘制方法。

能力目标

- 能正确安装、调试电动机点动和长动启动控制线路；
- 能正确安装、调试电动机正反转控制线路；
- 能正确安装、调试电动机顺序启动控制线路。

任务6.1　典型常用低压电器的安装、测试及应用

【任务导入】

用接触器与继电器组成的控制系统一般是通过按钮、主令控制器、行程开关等和继电器来控制接触器的通与断，从而实现电动机自动启动、制动、调速、反向、停止以及生产过程的自动化。船舶电气控制系统中用的低压电器元件很多，这里只介绍几种常用的控制电器。

【任务分析】

为了能正确地应用这些典型常用的低压电器，首先要认识这些元器件，掌握它们的结构和工作原理，了解它们的型号及参数的含义，以及它们的电气符号。

【任务实施】

6.1.1　按钮的应用

按钮是一种短时接通或分断小电流电路的电器，它不直接去控制主电路的通断，而在控制电路中发出"指令"去控制接触器、继电器等电器，再由它们去控制主电路，实现电路的通、断或转换等。它属于主令控制器件，最常见的是用来控制电机启动和停止。图6-1为按钮的结构示意图及符号。按动按钮时外力克服了弹簧力，使常开触点闭合，常闭触点断开。当外力撤销后按钮在弹簧的作用下又恢复原来的状态。每个按钮一般都有一副常开触点和常闭触点，根据要求选用其中的一副。

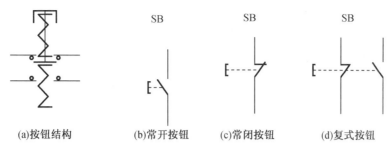

| (a)按钮结构 | (b)常开按钮 | (c)常闭按钮 | (d)复式按钮 |

图 6-1 按钮的结构示意图及符号

按钮颜色代表的意义：

红色按钮：停车、断开、紧急停车；

绿色按钮：启动、工作、点动；

黄色按钮：一般作为复位按钮。

按钮好坏的判断：用万用表欧姆挡测按钮的常开触点和常闭触点，不操作（按动）时常开触点不通，常闭触点导通。操作时（按动）常开触点导通，常闭触点不通。

6.1.2 交流接触器的应用

交流接触器是在外界输入信号作用下，能够自动地接通和断开带有负载的主电路（如电动机）的自动控制电器。交流接触器还具有远距离操纵和失压（或欠压）保护功能。

1. 组成

交流接触器由电磁机构、触点系统、灭弧装置、辅件等部分组成，如图 6-2 所示。

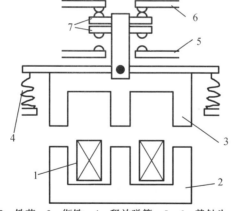

1—线圈；2—铁芯；3—衔铁；4—释放弹簧；5，6—静触头；7—动触头。

图 6-2 交流接触器结构示意图

电磁机构由励磁线圈（由漆包线绕成）及铁芯组成。铁芯包括静铁芯和动铁芯（又称衔铁）。为减小涡流损失，铁芯由硅钢片叠成；为消除铁芯的振动及噪声，在铁芯端面装有铜制的短路环。触点系统包括主触点和辅助触点，辅助触点又可分为常开触点和常闭触点。

2. 基本工作原理及符号

交流接触器在线圈得电后，静铁芯被磁化，衔铁受到电磁吸力克服反作用弹簧的反作用力被静铁芯吸下。安装在衔铁上的动触头随衔铁动作，常开触头闭合，常闭触头打开，使主回路及控制电路有电动作;当线圈断电时,电磁吸力消失,衔铁在反作用弹簧的作用下打开,触头恢复原来工作状态。接触器的图形符号如图6-3所示。在电路图中如需要横着画,将符号逆时针旋转90°即可。

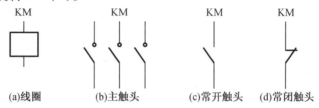

图6-3 接触器的图形符号

3. 交流接触器的主要参数

(1)额定电流:接触器主触点在额定电压下允许长期通过的最大电流。

(2)线圈额定电压:接触器正常工作时加在其线圈上的电压。通常有380 V、220 V、127 V等。我们通常说的多少伏电压的接触器,都是指线圈的工作电压。

(3)动作值:使接触器衔铁吸合的最小电压(一般应等于或大于额定电压的85%)。

(4)释放值:使接触器衔铁跳开的最大电压(一般不大于额定值的70%)。

4. 交流接触器的常见故障及处理方法

接触器的常见故障有线圈断了或烧了、触点接触不良、过热或熔焊、铁芯噪声大、衔铁卡住、断电后不能跳开或经过一段时间跳开等。

接触器常见故障的处理可根据故障的不同分别对待,如线圈断了或烧了通常是换新的;触点接触不良、过热或熔焊,可通过清理触点、打磨或更换触点来处理;铁芯噪声大则是铁芯短路环断了或脱落了,应当更换铁芯或更换短路环。

6.1.3 熔断器的应用

熔断器是一种常用、简单的保护电器,主要用作短路和严重过载保护。其主要由熔体(保险丝)和安装熔体的熔管组成,熔管兼起灭弧作用。熔体是核心部分,常做成丝状或片状,制造熔体的金属材料有低熔点材料,如铅锡合金、锌等;高熔点材料,如银、铜、铝等。

1. 熔断器的选择

(1)在照明及控制线路中熔断器熔体的额定电流应等于或稍大于各负载额定电流之和。

(2)在轻载、不频繁启动的电动机电路中,$I_{RN} = I_{ST}/2.5$。

(3)在重载、频繁启动的电动机电路中,$I_{RN} = I_{ST}/(1.6 \sim 2)$。

2. 更换熔断器注意事项

(1)一般应在不带电的情况下取下熔断器管进行更换,有些熔断器允许在带电的情况下取下,但应当将负荷切断,以免发生危险。

(2)应更换同容量、同类型的熔体,不可随意加大熔体的容量。

(3)不可用铜、铁、铝等普通金属丝代替熔体。

6.1.4 继电器的应用

继电器是一种根据电量(电压、电流)或非电量(热、时间、转速)的变化,接通或断开小电流控制电路的自动电器,在控制电路中可起到控制和保护作用。继电器种类较多,按反应的信号可分电压继电器、电流继电器、中间继电器、时间继电器、速度继电器、热继电器等。

1. 电磁式继电器

电磁式继电器的结构及工作原理类似于接触器,不同之处是由于电流较小没有灭弧装置且其触头没有主触头。根据吸引线圈的电流种类可分为交流继电器和直流继电器。其中,交流继电器的铁芯为硅钢片叠成,磁极端面装有短路环;而直流继电器的铁芯为整块钢制成,也不装设短路环。常用的电磁式继电器包括电流继电器、电压继电器、中间继电器等。其线圈及触头的图形符号如图 6 - 4 所示。

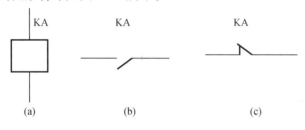

图6-4 电磁继电器的线圈及触头的图形符号

(1)电压继电器:其电压线圈匝数较多且线径细,并联于电路中,正常电压时,衔铁被吸合触头动作;当电压低于某一数值时,衔铁被释放。

(2)电流继电器:其电流线圈匝数少且线径粗,串联于电路中,当电路通过额定电流时,继电器衔铁不动作,只有当电流达到某一整定值时,衔铁才被吸合使触头动作。

(3)中间继电器:中间继电器是将一个输入信号变为一个或多个输出信号的控制电器,其实质是一种电压继电器。并联于电路中,由于其触头数目较多,因此扩大了控制范围。

2. 时间继电器

时间继电器是接收到输入信号后使触头延时动作的自动电器(图6-5)。

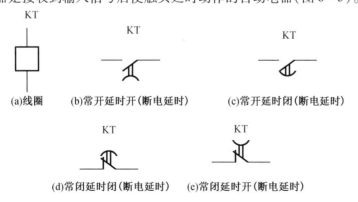

图6-5 时间继电器的图形及文字符号

时间继电器用于控制线路中的时间延时。时间继电器的种类较多,按其动作原理分,有电磁式、电动式、晶体管式、机械式、空气阻尼式,等等;按其延时方式分,有通电延时和断电延时两大类。

3.热继电器

热继电器是利用电流的热效应而动作的电器,用来对电机进行过载保护。热继电器主要由热元件和触点两部分组成,其热原件和触点符号如图6-6所示。

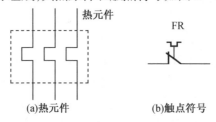

(a)热元件   (b)触点符号

图6-6 热继电器的热原件和触点符号

(1)热继电器的结构及工作原理。

如图6-7所示,双金属片由膨胀系数不同的两种金属材料轧压而成。绕在双金属片上的发热原件串联在电动机的主回路中,当通过发热原件的电动机电流超过允许值时,使双金属片受热变形向上弯曲而使扣板脱扣,在拉簧的作用下,通过连板将常闭触头打开。使控制回路断电,接触器跳开以保护电机。由于热惯性,热继电器不能用作短路保护,因为发生短路事故时,要求电路立即断开。

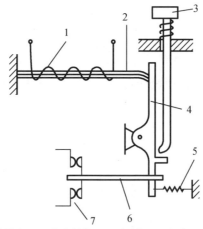

1—发热原件;2—双金属片;3—复位按钮;4—扣板;5—拉簧;6—连板;7—常闭触头。

图6-7 热继电器的结构

(2)热继电器的额定电流(整定电流)。

热继电器的额定电流不是一个固定的值,而是一个范围,在该范围内是可调的。热继电器在通过整定电流情况下是长期不动作的。当电动机电流达到整定值的105%时,热继电器在2 h内动作(热态)。当电机电流达到整定值的120%时,热继电器20 min内动作(热态)。当电机电流达到整定值的150%时,2 min内动作。从冷态开始,热继电器通过7倍的整定电流大于2 s动作。一般情况调热继电器的额定电流与电机的额定电流相等。

(3)热继电器的复位。

热继电器动作以后大多数触点可以自动复位,个别的必须按动复位按钮触点才能复位。

【课后练习】

任务实施	任务评价(满分10分)			得分
对照接触器实物,详细指出每一部分的名称及作用;用万用表测量线圈的好坏,并进行更换线圈操作。	正确,合理,语言表达清晰、流畅,正确使用万用表,操作熟练,步骤准确(8~10分)	大致正确,语言表达清晰、流畅,正确使用万用表,操作比较熟练,步骤比较准确(6~8分)	不能清晰、流畅解释该故障出现的位置,正确使用万用表,操作不熟练,步骤不准确(0~5分)	

任务6.2 电动机典型控制线路的安装与调试

【任务导入】

任何一个控制电路总是由若干基本控制环节和保护环节按生产过程、工艺要求和一定的规律组合而成的。学习和熟悉这些基本环节的组成和工作原理,对于分析和理解实际设备的控制电路及其工作原理将会有很大的帮助。

【任务分析】

电动机点动控制的特点在于设备的启动、运行和停止都必须在操作人员的直接参与下完成。电动机长动控制的特点在于设备的启动和停止需要操作人员参与,但启动后的连续运行则由控制电器来保持。

【任务实施】

6.2.1 电动机的点动控制

图6－8是电动机点动控制电路。按下按钮 SB_1,接触器 KM 线圈通电,其常开主触头闭合,电动机按规定的转向通电启动并运行。在运行过程中,操作人员要一直保持按钮在接通状态。当松开按钮 SB_1 后,KM 的线圈失电,衔铁释放,其常开主触头断开,电动机断电停转。船上的吊艇机、伙食升降机、扶梯起落机往往设有这种控制方式,使电动机的启动和停止灵活自如。

6.2.2 电动机的连续控制

图6－9是电动机长动控制电路,是电动机启动后保持连续运行的控制电路。该控制电路的主要特点:一是采用了自锁控制环节,接触器 KM 线圈通电后,一方面其主触头 KM_1 闭合接通电动机的电源,使电动机启动,另一方面其自锁触点 KM_2 闭合,当启动按钮 SB_1 断开后通过自锁触点 KM_2 保证接触器 KM 线圈继续通电,使电机连续运转。二是停止按钮 SB_2 的常闭触点串联在接触器线圈回路或自锁触点支路中,当按下停止按钮 SB_2 后切断接触器

KM 线圈电源,使接触器释放,电动机断电停止运行,同时自锁触点断开,保证在 SB$_2$ 的常闭触点恢复闭合状态后,接触器仍保持在释放状态。

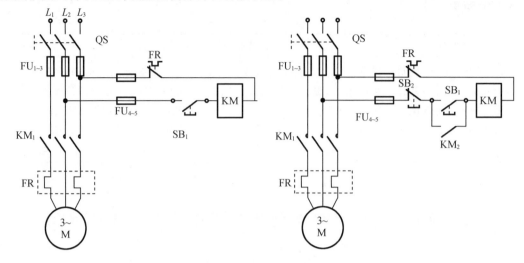

图 6 - 8　电动机点动控制电路　　　　　　图 6 - 9　电动机长动控制电路

6.2.3　三相异步电动机的转向控制

　　船舶上的许多机械设备如锚机、绞缆机、起货机、吊艇机等都要求既能正转,又能反转。根据电动机的有关知识我们得知,三相异步电动机的转向是由定子三相绕组上所加三相交流电源的相序决定的。将三相电源的任意两根相线对换,便可改变其相序从而实现三相异步电动机的正反转控制(或称之为可逆控制)。如图 6 - 10 所示,它显示了用按钮和接触器控制的三相异步电动机的正反转控制电路。

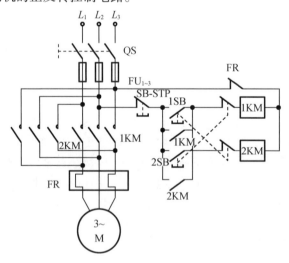

图 6 - 10　三相异步电动机的正反转控制电路

　　按下正向启动按钮 1SB,正转接触器 1KM 线圈通电而反转接触器 2KM 失电,正转接触器 1KM 的常开主触头 1KM 闭合将三相异步电动机的三相定子绕组按 $A - B - C$ 相序通电,电动机正向启动运行;当按下反向启动按钮 2SB 时,反转接触器 2KM 线圈通电而正转接触器 1KM 线圈失电,反转接触器 2KM 的常开主触头 2KM 闭合将电动机的三相定子绕组按 $C-B-A$ 相序通电,电动机反向启动运行。注意,该电路在换向时将会出现反接制动过程(后述),制动期间定子电流很大,因而只能用于控制容量较小的电动机。

6.2.4 连锁控制环节

某一电器必须在另一电器运行后才能启动,这一控制关系称为连锁控制。例如,在锅炉自动控制系统中,必须在风机正常运行一定时间后才能喷油点火;车床的主轴电动机必须在滑油泵正常运行后才能启动,等等。图 6-11 是具有连锁控制关系的两台电动机的控制电路,其中图 6-11(a)是主电路,要求只有在电动机 1M 正常运行后 2M 才能启动。图 6-11(b)、图 6-11(c)是实现这一控制的两种连锁控制方式。图 6-11(b)中,利用接触器 1KM 的辅助常开触点来实现对 2KM 的连锁控制。操作时,应首先按下电动机 1M 的启动按钮 1SB,使接触器 1KM 获电,其主触头闭合,电动机 1M 通电启动并运行,1KM 的常开辅助触点闭合自锁,同时这一触点闭合才能使接触器 2KM 线圈通电成为可能。如果 1KM 失电,其自锁触点断开,接触器 2KM 会立即断电,1M 和 2M 同时停止运行。

图 6-11(c)中,将 1KM 的另一常开辅助触点和 2KM 的线圈串联,同样可以实现连锁控制功能。

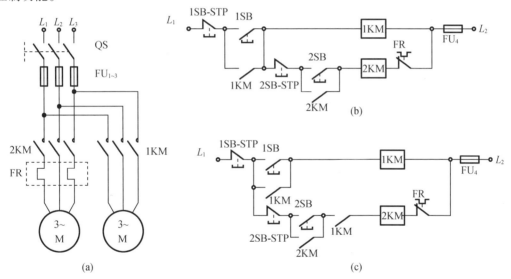

图 6-11　连锁控制电路

还有一种连锁控制电路如图 6-12 所示,它能实现只有在 1KM 通电后 2KM 才能通电;同时,只有在 2KM 断电后,1KM 才能断电的连锁控制功能。图 6-12 中,1KM 的一个辅助常开触点 $1KM_1$ 为自锁触点,保证按下 1SB-ST 后 1KM 线圈连续通电,另一个辅助常开触点 $1KM_2$ 和 2KM 的线圈串联,保证了 2KM 只有在 1KM 通电动作后才能通电,实现了前一功能。

另外,2KM 的辅助常开触点 $2KM_1$ 是 2KM 的自锁触点,而 2KM 的另一个辅助常开触点 $2KM_2$ 和 1KM 的停止按钮 1SB-STP 并联,保证了只要 2KM 不断电($2KM_2$ 仍闭合),就不可能通过 1KM 的停止按钮 1SB-STP 使 1KM 断电的连锁控制功能的实现。

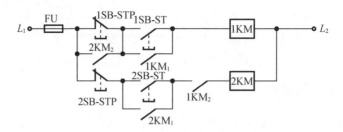

图 6 – 12　另一种连锁控制电路

6.2.5　多地点控制环节

　　船舶机舱中的许多设备,如滑油泵、海水泵等,往往要求既能在机旁控制,又能在集中控制室等多个地点进行启、停控制。采用多地点控制环节可以满足这种控制要求。

　　如图 6 – 13 所示,将两个(或以上)启动按钮的常开触点并联后再和两个(或以上)停止按钮的常闭触点串联接入接触器线圈电路中即可构成两(多)地点控制环节。

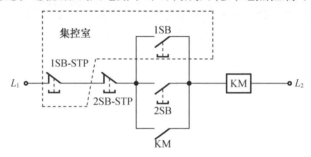

图 6 – 13　两地点控制环节

6.2.6　行程开关限位控制

　　船舶舵机、起货机的吊钩、吊艇机等设备运行时,其运动部件应限制在一定的范围内运动,当这些部件运动到规定的位置时,应能自动停止运行,以免造成损坏。例如,舵叶的转动范围应限制在左、右各 35° 的范围内等。实现限位控制的常用方法是在运动部件所能达到的极限位置上设置行程限位开关,当运动部件运动到达此位置时,安装在运动部件上的挡块撞击行程开关的滚轮,使行程开关的常闭触点断开,切断控制电路,使运动部件停止运动。

　　图 6 – 14 是伙食升降机控制原理电路,下面以提升货物过程为例说明其工作原理。按下提升启动按钮 1SB,提升接触器 1KM 线圈获电,其主触头 1KM₁ 闭合使电动机正向启动运行以提升货物。当起落架上升到规定位置时,随起落架一起上升的挡块使上限位微动开关 1CK 动作,其常闭触点断开,接触器 1KM 线圈断电,主触头断开使电机停止运行,起落架停在上限位置。在这种情况下,由于 1CK 已断开,即使按下提升启动按钮 1SB,接触器 1KM 也不能获电吸合。只有当按下下降启动按钮 2SB,才能使接触器 2KM 获电动作,电动机反向启动下降货物。图 6 – 14 中右面的电路用于上下联络。

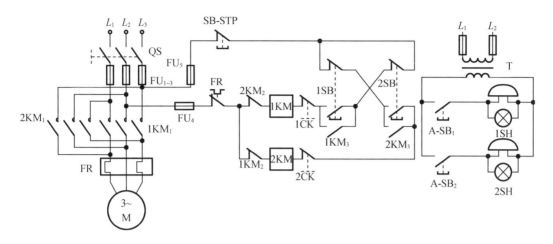

图6－14 伙食升降机控制原理电路

【课后练习】

任务实施	任务评价(满分10分)			得分
1.根据图6－11详细解释说明电动机连锁控制电路的工作原理。	正确,合理,语言表达清晰、流畅(8～10分)	大致正确,语言表达清晰、流畅(6～8分)	不能清晰、流畅解释该过程的工作原理(0～5分)	
2.根据图6－14详细解释说明伙食升降机控制电路的工作原理。	正确、合理、语言表达清晰、流畅(8～10分)	大致正确、语言表达清晰、流畅(6～8分)	不能清晰、流畅解释该过程的工作原理(0～5分)	

任务6.3 主令控制器控制系统安装与调试

【任务导入】

主令控制器是一种用于频繁地按顺序操纵多个控制回路的主令电器,在控制系统中发出操作指令,再通过接触器来实现对电动机的启动、制动、调速和反转控制。

【任务分析】

要想完成电动机主令控制器控制系统安装与调试,必须对主令控制器的触点闭合表非常熟悉,在此基础上对控制系统原理图进行详细分析。

【任务实施】

主令控制器的操作手柄有多个位置,每一位置都可控制若干付触头的接通或断开。手柄位置和触头的通断关系可用电气符号和闭合表来表示,图6－15(a)为主令控制器触头闭合表,图6－15(b)是用双触头三位置主令控制器来操纵的电动舵机控制原理图。接通主开关 QS 后,当操舵主令控制器的手柄在零位时,触头 QM₁ 和 QM₂ 均断开,除了风机接触器 3KM 通电、冷却风机运行外,接触器 1KM、2KM 以及其他继电器均为失电状态,转舵电动机断电停机。当将操舵手柄扳到左舵位置时,主令控制器的触头 QM₁ 闭合,继电器 3KA 获电吸合,接触器 1KM 通电动作,其主触头 1KM₁ 闭合,转舵电机正向启动运行。其常闭触头 1KM₂ 断开,保证右舵接触器 2KM 失电,1KM₃ 闭合,为继电器 1KA 通电做准备。当转速达到某值时,速度继电器 1KS 动作,1KS₁ 接通使 1KA 获电并自锁,虽然此时触点 1KA₂ 已闭合,但由于 1KM₂ 对 2KM 有电气互锁作用,2KM 不会获电。如果此时将操舵手柄扳回零位,QM₁ 断开使继电器 3KA 失电,3KA 断开使接触器 1KM 断电,1KM 的常闭辅助触点 1KM₂ 闭合,又因电机转子仍在转动,转速继电器触点 1KS₁ 仍闭合,使 1KA 仍为通电状态,1KA₂ 和 1KM₂ 闭合使接触器 2KM 通电吸合,其主触头 2KM₁ 闭合,电动机的三相绕组的相序改变,电动机进入反接制动状态而使转速迅速下降,直到转速接近零时,1KS₁ 触点断开,继电器 1KA 和接触器 2KM 失电,电路恢复原状。1SQ 和 2SQ 起舵叶限位作用,1KS₂ 和 2KS₂ 起超速保护作用。

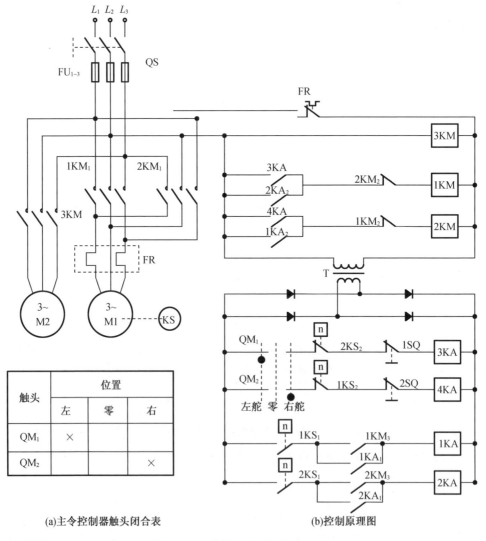

触头	位置		
	左	零	右
QM₁	×		
QM₂			×

(a)主令控制器触头闭合表　　　　　　(b)控制原理图

图 6-15　主令控制器操纵的电动舵机

【课后练习】

任务实施	任务评价(满分10分)			得分
根据图6-15详细解释说明主令控制器操纵的电动舵机的工作原理。	正确,合理,语言表达清晰、流畅(8~10分)	大致正确,语言表达清晰、流畅(6~8分)	不能清晰、流畅解释该过程的工作原理(0~5分)	

任务6.4 电动机双位控制系统安装与调试

【任务导入】

船舶机舱中的许多设备,如压力水柜的水位(压力)、空气瓶内的空气压力、锅炉的蒸汽压力、锅炉水位等,并不需要严格地维持在某一恒定值上,通常只要求这些量值保持在某一高限值和低限值之间则可,采用双位控制可满足上述控制要求。

【任务分析】

要想完成此任务,关键在于正确理解双位是如何实现的,也就是压力继电器的工作原理,以及如何把水位测量转换为压力测量的。

【任务实施】

图6-16是双位控制的方框图。当被控制量达到设定的高限(H)时,测量比较元件将控制开关断开,系统停止工作;当被控制量降低到设定的低限值(L)时,控制开关闭合,系统便开始运行,如此反复,便可使被控制量维持在设定的高低限之间。液位继电器、压力继电器、温度继电器等常用于液位、压力、温度等双位控制电路中作为测量比较元件和控制开关。

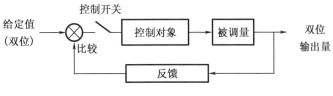

图6-16 双位控制的方框图

下面以压力水柜中的水位控制为例说明双位控制系统的工作原理。图6-17(a)是压力水柜示意图。密封的水柜的上部是空气,当用给水泵向水柜加水时,其上部的空气被压缩,上部空气压力随之升高,当水位升高到高限水位LH时,对应的内部气压为高限压力PH,这时应使给水泵停止运行;同样,当水位下降到低限水位LL时,对应于低限压力PL,这时应使给水泵开始工作,再次向水柜中打水。图6-17(b)是用压力继电器作为检测比较和控制元件的压力水柜液位双位控制电路。当水位下降到低限水位LL以下时,高压开关KPH和低压开关KPL均在闭合状态,此时若将转换开关S放到自动(A)位置,则接触器KM获电并自锁,使给水泵运行向水柜打水,水柜液位上升,柜内空气压力升高,先使低压开关

KPL 断开,但由于接触器辅助触点 KM2 的自锁作用,接触器 KM 仍保持通电,水泵继续工作,水位上升,直到水位上升到高限水位 LH 时,高压开关 KPH 断开,接触器 KM 失电,水泵停止打水。此后当水位下降至正常值时,虽然高压开关 KPH 闭合,但因低压开关 KPL 和接触器 KM 的触点 KM2 是断开的,接触器 KM 无法获电,水泵仍处于停机状态。直到水位再降至低限水位 LL 时,低压开关 KPL 接通,水泵才能再次启动运行。为了防止水泵频繁启、停,高低水位之间的差值不能设得过小。在船上,空压机自动控制、辅助锅炉给水自动控制,大都采用双位控制方式。

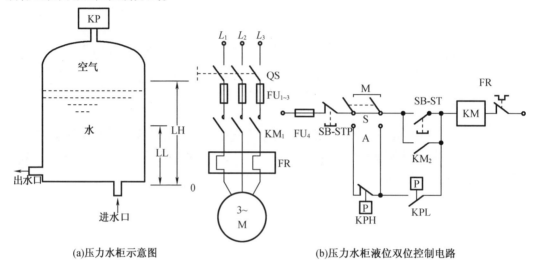

(a)压力水柜示意图　　　　　　(b)压力水柜液位双位控制电路

图 6 - 17 　压力水柜液位双位控制

【课后练习】

任务实施	任务评价(满分10分)			得分
根据图 6 - 17 详细解释说明压力水柜液位双位控制的工作原理。	正确,合理,语言表达清晰、流畅(8~10分)	大致正确,语言表达清晰、流畅(6~8分)	不能清晰、流畅解释该过程的工作原理(0~5分)	

【项目小结】

本项目重点介绍了电动机基本控制电路的安装、调试及故障处理,重点讲解了四个任务:典型常用低压电器的安装、测试及应用,电动机典型控制线路的安装与调试,主令控制器控制系统安装与调试,电动机双位控制系统安装与调试。通过这四个任务的学习,首先应该掌握典型常用低压电器的内部结构、拆装和动作原理,并能够正确应用;对于电动机最基本的控制电路应该做到正确绘制;接下来介绍了两种电动机的典型应用,以加强电路的分析能力。

项目 7　电动机启动、制动、调速控制系统的安装与调试

知识目标

- 电动机星—三角降压启动控制线路的工作原理；
- 电动机反接制动、能耗制动的工作原理；
- 电动机变级调速控制线路的工作原理。

能力目标

- 能正确安装、调试电动机星—三角降压控制线路；
- 能正确安装、调试反接制动、能耗制动控制线路；
- 能正确安装、调试变级调速控制线路。

任务 7.1　电动机启动控制线路的安装与调试

【任务导入】

在生产实践中,我们往往希望电动机启动时间要短、启动转矩要大、启动电流又不要太大。因而缩短启动时间、增大启动转矩、降低启动电流是电动机启动控制线路必须认真考虑的问题。

【任务分析】

所谓电动机的启动,是指电动机接通电源后,转速由零上升到稳定转速的全部过程。显然启动时间并不长,但对电机本身和电力系统的影响却很大,特别由于船舶电站的容量有限,船上有些辅机电动机的功率又较大,其启动电流将会引起电网电压的很大波动,因此影响其稳定性。特别对于启动频繁和大容量电动机的启动,必须缩短其启动时间,降低启动电流以减少其对电网的影响。

【任务实施】

对于容量不大的电动机,在电网容量允许的情况下,通常采用全压直接启动,三相异步电动机的全压直接启动控制电路十分简单,在船舶机舱中各种泵的拖动控制均采用这种启动方式。上一节中所介绍的电动机控制电路均采用全压直接启动,此不重复。

当电动机的容量较大时,由于启动电流大,为避免使电网产生过大的线路电压降,常采用降压启动。降压启动是在启动的初期将电源电压适当降低后加到电动机的定子绕组上进行启动的,当电动机的转速达到一定值后,再使电压恢复到其正常运行时的额定值。

降压启动的目的是减小启动电流,但这将使启动转矩也随之降低,因此不适于在重载

下的启动。降压启动方法有串电阻降压启动、星形—三角形(星—三角)降压启动、自耦变压器降压启动等。

三相交流异步电动机分有鼠笼式和绕线式两种,鼠笼式异步电动机由于其结构简单、工作可靠、启动方便,因此在船上应用较多,其启动方式有直接启动和降压启动两种。而绕线式异步电动机则由于其启动及调速的功能优越,则在某些特殊场合应用,其启动方式主要是转子回路串电阻启动。

7.1.1　全电压直接启动

鼠笼式异步电动机直接启动时,在定子接通电源瞬间,转子由于惯性不能立即转动,此时转子感应电动势和转子电流较大,因而定子电流大,通常为额定电流的 4～7 倍。但是由于启动时功率因数较低,因此启动力矩并不大。一般只为额定力矩的 1～2.2 倍。但鼠笼式异步电动机的结构简单、工作可靠、过载能力强,从电动机本身来说一般是允许直接启动的。

全压直接启动就是利用闸刀开关或接触器把电动机直接接到三相电源上。其优点是设备简单、操作方便,缺点是启动电流大。为避免大电流所造成的不良后果,允许直接启动的电动机容量受电源容量的限制。在船上由于发电机设有良好的自动调压装置,允许直接启动的电动机容量可为发电机容量的 60%,所以机舱的辅机电动机都采用直接启动。

7.1.2　降压启动

为减小启动电流可采取降压启动。由于异步电动机的启动转矩和所加电压的平方成正比,所以当定子绕组的电压降低时,电动机的转矩也减小了。对于启动转矩要求不高的场合,如离心泵、通风机或启动阻力较小的拖动装置,可采用降压启动。常采用的降压启动方式有如下四种:

1. 定子电路串电阻或电抗器降压启动

这种启动方法是在电动机定子绕组的线路中串入一个三相电抗器或三相电阻,线路如图 7－1 所示。启动时,先接通电源开关 QS,电流经电阻器或电抗器串入定子绕组,进行限流降压启动,待转速升高后再将启动电阻或电抗器短路,进行全压运行。

2. 自耦变压器降压启动

较大容量或正常运行为星形连接的鼠笼式电动机采用自耦变压器降压启动。图 7－2为自耦变压器降压启动线路。启动时将启动转换开关放于"启动"位置,使自耦变压器原边接电源,副边接电动机,以实现降压启动。待转速升高和电流降低后再将启动开关放于"运行"位置,脱开自耦变压器使定子绕组与电源电压直接相连进行全压运行。

3. 绕线式转子串电阻启动

三相异步绕线式电动机的启动通常采用转子回路串电阻启动(图 7－3)。通常是采用专用的启动电阻,通过电刷串入转子电路,启动时电流小转矩大。为使整个启动过程尽量保持较大的启动转矩,随着转速的升高应逐渐减小外串电阻,直至最后全部切除,以防剩留的部分电阻被转子大电流烧毁。这种方法使用于要求启动转矩大的生产机械,如起货机、锚机等。

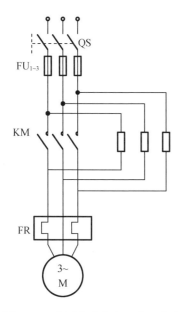

图7-1　定子电路串电阻降压启动

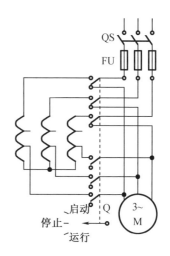

图7-2　自耦变压器降压启动

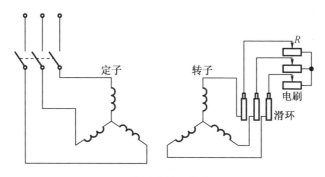

图7-3　绕线式转子串电阻启动

4. 星—三角降压启动

星—三角降压启动是降压启动方式中使用最多的一种,这里重点讨论按时间原则控制的星—三角降压启动控制电路。星—三角降压启动只适用于正常工作时定子绕组做三角形连接的异步电动机。其启动转矩只有全压启动的1/3,故只适用于空载或轻载启动。图7-4是由时间继电器控制的鼠笼式三相异步电动机星—三角降压启动控制电路图。其启动过程如下:按下启动按钮SB-ST,接触器1KM线圈通电并自锁,同时接触器3KM和时间继电器KT线圈通电,1KM的主触头1KM₁和3KM的主触头3KM₁将定子三相绕组接成星形,此期间,加到电动机每个绕组上的电压仅为相电压(为线电压的$\sqrt{3}$),启动电流仅为直接全压启动的1/3。经一定时间后,电动机的转速已达一定值,KT的常开延闭触点KT₁闭合,接触器2KM线圈通电并自锁,其主触头2KM₁闭合,将三相绕组接成三角形,同时时间继电器KT的常闭延开触点KT₂断开,接触器3KM线圈断电;三相电动机接成三角形正常运行。这里介绍了用时间继电器按时间原则进行启动控制的电路,此外还可以用电流继电器按电流原则和用转速继电器按转速原则对电动机进行控制,限于篇幅,在此不做讨论。

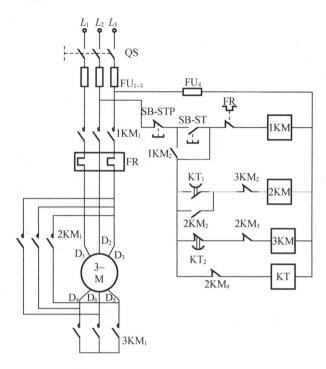

图 7 - 4 异步电动机星—三角降压启动控制电路

【课后练习】

任务实施	任务评价(满分10分)			得分
1. 如何用万用表判断笼形异步电动机六根引线中三相绕组的首尾端?	正确使用万用表,操作熟练,步骤准确(8～10分)	正确使用万用表,操作比较熟练,步骤比较准确(6～8分)	正确使用万用表,操作不熟练,步骤不准确(0～5分)	
2. 根据图 7 - 4 详细解释说明星—三角降压启动电路只能星形运行不能正常切换到三角形运行的原因。	正确,合理,语言表达清晰、流畅(8～10分)	大致正确,语言表达清晰、流畅(6～8分)	语言表达不清晰、不流畅(0～5分)	

任务7.2 电动机制动控制线路的安装与调试

【任务导入】

制动的目的在于使电动机在切断电源后其转子尽快停止转动。制动的方法可分为机械制动和电气制动两大类。电气制动又可分为反接制动、能耗制动、再生发电制动三种。但是不管采用哪种制动方式,都是为了产生和电动机运行方向相反的转矩以迫使电动机尽快停止。

【任务分析】

要想完成此任务,首先要掌握反接制动和能耗制动的制动原理,这需要用到电磁感应定律,要求对左右手定则非常熟悉,在此基础上对反接制动和能耗制动的电气控制原理图进行详细地分析,最后才能实现控制线路的安装,遇到问题能分析故障原因并予以排除。

【任务实施】

7.2.1 电动机反接制动控制线路的安装与调试

电动机断电后,由于其转子的惯性作用,仍要按原方向继续转动,这时如果给电动机接上相序和原运行时相反的电源,则电动机就会产生和原运行转矩相反的制动力矩,使电动机很快停止转动,这时,要及时切断制动电源,以免电动机又反向启动。

图 7 - 5 是单向运行的异步电动机反接制动控制电路图。按下启动按钮 SB - ST,接触器 KM - R 吸合,电动机启动并运行,同时带动速度继电器 KS 一起转动,当电动机的转速达到 120 r/min 以上时,速度继电器的常开触点 KS 闭合,接通中间继电器 KA 线圈的电源,KA 的触点 KA$_1$ 闭合自锁;同时 KA$_2$ 闭合,但因接触器 KM - R 获电,KM - R$_3$ 已断开,KM - B 不能通电,仅为反接制动准备了条件。当要停车时,按下停止按钮 SB - STP,接触器 KM - R 断电释放,切断电动机的电源,同时其常闭触点 KM - R$_3$ 闭合,由于电动机的转速仍较高,KS 的触点仍为闭合状态,中间继电器 KA 仍通电吸合,触点 KA$_2$ 接通反接制动接触器 KM - B 的电源,使电动机的定子磁场因电源的相序改变而反向旋转,产生制动力矩,迫使电动机转子的转速降低,当其转速降至 120 r/min 以下时,速度继电器 KS 的触点断开,中间继电器 KA 失电释放,其常开触点 KA$_2$ 断开,使制动接触器 KM - B 失电,切断反接制动电源,电动机停止。这一反接制动过程约需 1 ~ 3 s。

对于功率在 2 ~ 3 kW 之间启动和制动操作不十分频繁的电机宜采用反接制动。为了限制制动电流,对于功率较大的电动机,在进行反接制动时,必须在定子电路(鼠笼式)或转子电路(绕线式)串电阻。

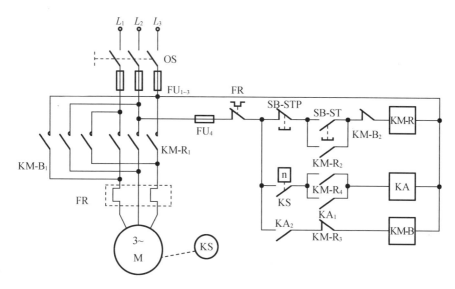

图 7 - 5　单向运行的异步电动机反接制动控制电路

7.2.2 电动机能耗制动控制线路的安装与调试

能耗制动原理:在电动机的定子绕组断电后,立即在其任意两相绕组上加上一直流电源,于是在定子绕组中产生一个静止的磁场,转子在这个磁场中旋转产生感应电动势,转子电流与固定磁场所产生的转矩和电动机的原来方向相反,产生制动作用,使电动机很快停止。

图 7-6 为异步电动机能耗制动控制电路图,当电机启动运行时,接触器 KM-R 通电并自锁,其辅助常闭触点 KM-R₃ 断开,制动接触器 KM-B 不能通电。要停车时,按下停车按钮 SB-STP,一方面 KM-R 失电切断电动机的交流电源,另一方面 KM-R₃ 闭合,制动接触器 KM-B 通电,其触点闭合给电机的两相绕组加上一直流电源,进行能耗制动,此期间,时间继电器 KT 通电,但其常闭延开触点未断开,以维持制动过程的进行,经一定时间后,KT 的延开触点断开,使制动接触器 KM-B 断电,完成制动过程。

直流电源由单相桥式整流电路提供,电阻 R 用于调节电流的大小,从而改变制动强度。通常直流电流为电动机的额定电流的 $0.5 \sim 1.0$ 倍。

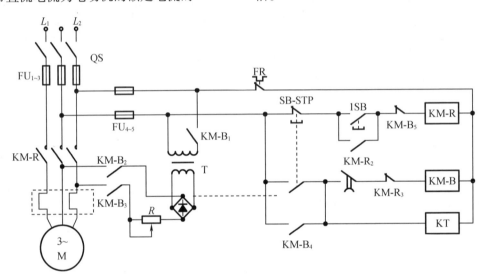

图 7-6 异步电动机能耗制动控制电路

【课后练习】

任务实施	任务评价(满分10分)			得分
1.根据图 7-5 详细解释说明电动机反接制动工作原理。	正确,合理,语言表达清晰、流畅(8~10分)	大致正确,语言表达清晰、流畅(6~8分)	语言表达不清晰、不流畅(0~5分)	
2.根据图 7-6 详细解释说明电动机能耗制动工作原理。	正确,合理,语言表达清晰、流畅(8~10分)	大致正确,语言表达清晰、流畅(6~8分)	语言表达不清晰、不流畅(0~5分)	

任务7.3 电动机调速控制电路安装与调试

【任务导入】

为了提高生产率、改善产品质量和保证生产的安全等,很多生产机械在整个生产过程中要求能以不同的转速运行,如船舶起货机在起落空钩时用高速,以提高生产率,而在货物着陆时则需要低速,以保证货物的安全,用人为的方法控制和调节电力拖动系统的运行转速称为调速。

【任务分析】

电力拖动系统的调速方法有:

(1)机械调速:通过改变机械传动机构的传动比进行调速;

(2)电气调速:用改变电动机电路的参数调速,这里主要讨论三相交流异步电动机的电气调速。

【任务实施】

在一定的负载下,三相交流异步电动机的转速为

$$n = n_0(1-s) = \frac{60f_1}{p}(1-s) \tag{7-1}$$

由该式可知,改变转速的方法有两种类型:

(1)改变转差率 s 调速,其基本方法有降低定子电压和绕线式转子电路串电阻的调速;

(2)改变同步转速调速,其基本方法有改变磁极对数和改变定子电源频率的调速。

7.3.1 定子降压调速

降低定子电压 U 后,同步转速 n_0 不受影响,但最大电磁转矩 T_{max} 随电压的降低而成平方倍的减小,降压调速的机械特性曲线如图 7-7 所示,图中额定电压 U 的机械特性称为自然特性,而降低电压的特性称为人为机械特性。降压调速对于通风机型负载有较宽的调速范围,即使是在转差率 $s > s_m$ 的曲线段也是稳定区(如稳定工作点 E),所以电风扇(包括单相的)等一些小功率同类型负载普遍采用这种调速方法。

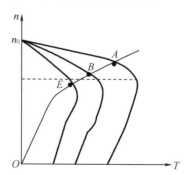

图7-7 降压机械调速特性曲线

降低定子电压的方法：

（1）定子串联带抽头的电抗器或饱和电抗器；

（2）自耦变压器；

（3）定子绕组△/Y变换降压，采用这种方法的主要目的是节能。需要全负荷时用△连接，低负荷时用Y连接。

7.3.2　绕线式转子串电阻调速

转子电路外串电阻 R_S 后，同步转速 n_0 和最大转矩 $T_{max} = KU^2/2X_0$ 不变，而临界转差率 $s_m = (R_2 + R_S)/X_{20}$ 则随 R_S 而变。R_S 越大，S_m 越大，机械特性越软，转速越低，如图7-8中所示的 A、B、C 点。

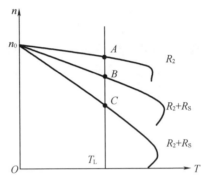

图7-8　绕线式转子串电阻调速

这种调速方法简单，能够满足一般的多级调速要求，船舶起货机、锚机等均有采用。其缺点是调速电阻的功率损耗大，轻载调速范围窄；同时由于低速特性软，负载波动对转速影响大，使低速运转不够平稳；此外电刷滑环机构易出故障。

7.3.3　变极调速

根据 $n_0 = 60f/p$ 可知，同步转速 n_0 与磁极对数 P 成反比，P 减半，n_0 加倍，通过改变定子绕组的连接方式可改变定子绕组产生的磁极对数，从而改变同步转速以实现调速。

用图7-9（a）和图7-9（b）来说明用电流反向法获得2:1的变极原理。在图7-9（a）中 AX 绕组的两个元件 a_1x_1 和 a_2x_2 顺向串联，电流在两元件中的首尾端流向一致，产生四个极（$P=2$）的磁场。如果将两元件的连接方式改为反向并联，使 a_1x_1 中的电流与 a_2x_2 的电流方向相反，产生二极（$P=1$）磁场（图7-9（b））。由此可知，将定子每相绕组的"半相"绕组的电流反向，则磁极对数便成倍的变化。因此变极绕组可有多种连接方式，图7-10所示的连接方式分别为星形-双星形（Y/YY）和三角形-双星形（△/YY）联接。将顺向串联的星形联接或顺向串联的三角形联接改为反向并联的双星形联接后，磁极对数减少一半（$P/2$），同步转速增加一倍（$2n_0$）。

为保持变极前后电动机的转向不变，变极时必须同时改变定子接电源的相序。因为对称绕组在定子圆周上依次相差的机械角度 θ_m 是固定的，而依次相差的电角度 θ_e（$\theta_e = P\theta_m$）则随磁极对数 P 而变。例如 $P=1$ 时，按电流的相序，三相绕组 $A—B—C—A$ 依次相差120°电角度，磁场将由 A 向 B 方向旋转。当 $P=2$ 时，三相绕组依次相差240°电角度，实际变成

了 A—C—B—A,即三相绕组电流的相序与前相反。所以只有改变相序(例如将 B、C 两根线对调)才能使旋转磁场的转向与变极前相同。

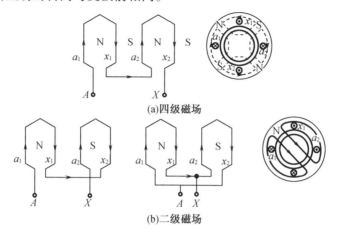

(a)四级磁场

(b)二级磁场

图7-9　改变极对数的调速

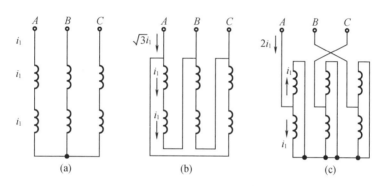

图7-10　三相异步电动机变极调速定子绕组的连接

定子仅有一套独立三相变极绕组的,称为单绕组双速异步电动机;定子上有两套独立三相绕组的,其中的一套或两套能变极,则称为双绕组三速或四速异步电动机;也有由两套或三套不同极对数的独立绕组构成的双绕组双速或三绕组三速异步电动机,接通不同的绕组有不同的转速。船舶锚机和起货机就有这种独立双绕组双速和三绕组三速的三相异步电动机。如图7-11所示,该图表达了单绕组△/YY变极调速电动机的机械特性曲线。

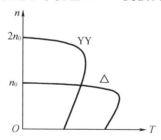

图7-11　△/YY变极调速电动机机械特性曲线

变极调速的特点是设备简单、运行可靠、特性硬、运转平稳。虽然是跳跃式的有级调速,但对于那些双速和三速就能满足要求的电力拖动系统,这种方法仍不失为一种好的调速方法。

注意:绕线式异步电动机不能变极调速,因转子绕组极对数不能自动随定子的磁极对数而变。

某三速异步电动机的定子有两套独立绕组,一套为三角形-双星形双速绕组,另一套为星形中速绕组。改变绕组的接法,可获得低、中、高三种不同的转速:

(1)当双速绕组接成三角形(中速绕组不接)时为低速。

(2)当中速绕组接成星形(双速绕组不接)时为中速。

(3)当双速绕组接成双星形(中速绕组不接)时为高速。

图7-12是采用按钮-接触器控制的变速控制电路。在停机状态下,按下低速启动按钮1SB,接触器1KM获电动作,将双速绕组的$(D_3 + D_7)$、D_2、D_1分别与电源的L_1、L_2和L_3接通,为三角形接法,电动机低速运行;如果要换中速,应先按下停止按钮SB-STP,然后再按下中速启动按钮2SB,接触器2KM线圈获电动作,其主触头闭合,电动机中速绕组的D_{13}、D_{12}、D_{11}分别与电源的L_1、L_2、L_3接通,同时接触器1KM和3KM线圈失电,电动机中速运行;同样,当需要电动机高速运行时,应先按下停止按钮SB-STP,然后再按下高速启动按钮3SB,使接触器3KM线圈获电动作,其主触头闭合,将双速绕组的D_1、D_2、D_3、D_7接在一起作为双星形的中点,D_6、D_5、D_4分别与电源线L_1、L_2、L_3接通,同时接触器1KM和2KM线圈失电断开其他触头,实现高速运行。

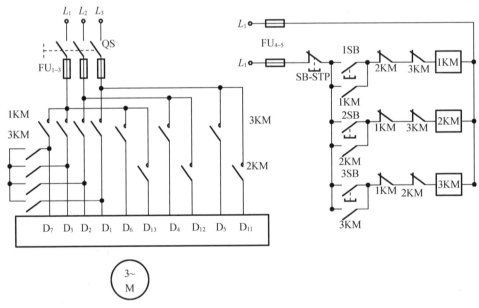

图7-12 三速异步电动机按钮调速控制电路

7.3.4 变频调速

根据$n_0 = 60f/p$可知,同步转速n_0与定子电流的频率f_1成正比,若能连续地改变电源的频率则可实现连续平滑的无级调速。根据定子电压$U_1 \approx E_1 = 4.44f_1k_1N_1\Phi$可知,若电压$U_1$保持不变,则$f_1$的减小将引起磁通$\Phi$的增加。电动机额定磁通时的磁路本已接近饱和,$\Phi$的增加会使磁路过饱和,将引起空载电流和铁损的剧增,这是不允许的。为使降频调速

时保持主磁通 Φ 不变或近似不变,则应保持 E_1/f_1 = 常数或 U_1/f_1 = 常数,因此在改变 f_1 的同时应相应地改变定子电动势 E_1 或电压 U_1。采用 E_1/f_1 = 常数的恒磁通降频调速的机械特性如图 7 – 13(实线)所示,是一组与自然特性曲线相平行的曲线。

如果在额定频率以上用保持电压 $U_1 = U_n$ 不变的升频调速,可使变频调速获得更宽的调速范围。但 f_1 的升高会使磁通 Φ 和最大转矩 T_{max} 减小,因而升频范围有限。恒压升频调速的机械特性曲线如图 7 – 13 中上部的虚线所示。

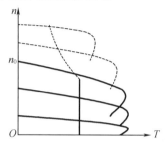

图 7 – 13　变频调速机械特性曲线

变频调速的特点是可实现无级调速,调速的范围宽,特性硬度不变,转速平稳,但变频电源技术复杂,初投资较大。

【课后练习】

任务实施	任务评价(满分10分)			得分
根据图 7 – 13 详细解释说明电动机变极调速工作原理。	正确,合理,语言表达清晰、流畅(8 ~ 10 分)	大致正确,语言表达清晰、流畅 (6 ~ 8 分)	语言表达不清晰、不流畅 (0 ~ 5 分)	

【项目小结】

本项目重点讲解了三个任务:电动机启动控制线路的安装与调试、电动机制动控制线路的安装与调试、电动机调速控制电路安装与调试。通过这三个任务的学习,学生可以掌握的岗位核心技能如下:首先能够正确分析各种常见的电动机启动、制动、调速控制电路;其次具备遇到故障能熟练使用万用表查找故障,分析故障原因,并予以排除;最后还应掌握电气控制系统图各类图纸的画法和规则。

项目8 泵的电力拖动与控制

知识目标

- 主海水泵的手动控制和自动控制过程；
- 发电机预润滑泵的手动控制和自动控制过程；
- 泵的电脑控制过程。

能力目标

- 能正确分析主海水泵控制系统的故障；
- 能正确分析发电机机预润滑油泵控制系统的故障；
- 掌握泵的电脑控制系统故障检测及保护功能的实现。

任务8.1 主海水泵的电力拖动与控制

【任务导入】

泵浦是向液体传送机械能,用来输送液体的一种机械,在船上使用非常广泛。在不同的系统中,泵的具体功能各异,其控制也不相同。

【任务分析】

为主、副机服务的燃油泵、滑油泵、冷却水泵等主要的电动辅机,为了控制方便和工作可靠均设置两套机组。该机组不仅能在机旁控制,也能在集控室进行遥控;而且在运行中运行泵出现故障时能实现备用泵自动切入,使备用泵投入工作。原运行泵停止运行并发出声光报警信号,以保证主、副机等重要设备处于正常工作状态。

【任务实施】

8.1.1 泵的遥控手动控制

图8-1和图8-2分别为泵的主电路和控制线路,其工作原理为:将电源开关 QS_1、QS_2 合闸,遥控-自动选择开关 SA_1、SA_2 置于遥控位置。对于1号泵,按下启动按钮 SB_{12},则继电器 KA_{10} 线圈通电,接触器 KM_1 线圈回路 KA_{10} 触头闭合,1号泵电动机通电启动并运行,同时 KA_{10} 触头闭合自锁。在1号泵正常运行时,若按下停止按钮 SB_{11},则 KA_{10} 线圈断电,使接触器 KM_1 线圈失电,1号泵停止运行。2号泵的手动控制与1号泵基本相同,并且两台泵可以同时手动启停控制,实现双机运行。

8.1.2 泵的自动控制过程

以1号泵为运行泵,2号泵为备用泵为例,其自动控制过程如下。准备状态(即两台泵都处于备用状态):将电源开关 QS_1、QS_2 合闸,遥控 – 自动选择开关 SA_1、SA_2 置于自动位置。组合开关 SA_{12}、SA_{22} 置于备用位置,此时对 1 号泵控制电路来说,开关 SA_{12} 闭合,其各主要电器设备工作情况分析为 13 支路 KM_1 辅助触点断开,时间继电器线圈 KT_3 不得电,其 10 支路触头断开,所以线圈 KA_{13} 不得电,其 6 支路常闭触头闭合,使线圈 KA_{11} 得电,从而使 2 号泵控制电路的 4 支路 KA_{11} 断开。同样道理,2 号泵控制电路中,触头 KA_{21} 也断开,因此 KA_{10} 线圈不得电,KM_1 线圈也不得电;13 支路 KT_2 线圈得电,其 7 支路触头延时闭合;6 支路 KA_{13} 处于闭合状态,所以线圈 KA_{12} 也通电。因此,1 号泵控制电路中,线圈 KA_{11}、KA_{12}、KT_2 得电,而线圈 KA_{13}、KT_3、KA_{10}、KM_1 不得电。同理,2 号泵相应线圈工作状态与之类似,即 2 号泵控制电路中,线圈 KA_{21}、KA_{22}、KT_2 得电,而线圈 KA_{23}、KT_3、KA_{20}、KM_2 不得电。

正常运行:若 1 号泵为运行泵,2 号泵为备用泵,则应将 SA_{11} 置于运行位置,SA_{22} 置于备用位置。对于 1 号泵有:3 支路 SA_{11} 和 KA_{12} 均闭合,所以 1 支路线圈 KA_{10} 得电,其电路中相应触头闭合;使 KM_1 线圈得电,从而接触器主触头闭合,1 号泵电动机启动并运转;同时 12 支路 KM_1 触头闭合,使线圈 KT_3 得电;其 10 支路触头延时闭合,使 10 支路线圈 KA_{13} 得电;其 6 支路 KA_{13} 常闭触头断开,但在此之前压力开关 KPL_1 已经闭合,从而保持 KA_{11}、KA_{12} 线圈有电。同理分析可知 2 号泵仍处于备用状态,其控制电路工作状态与前述备用时相比没有发生变化。

运行泵故障时,备用泵自动切入:当 1 号泵由于机械等故障原因造成失压时,其压力开关 KPL_1 断开,使线圈 KA_{11} 失电;相应的 2 号泵控制电路中 4 支路 KA_{11} 触头闭合,2 支路线圈 KA_{20} 得电,KM_2 线圈得电,其主触头闭合,2 号泵电动机启动并运转;同时 1 号泵控制电路中 8 支路 KM_2 触头断开,使 8 支路线圈 KA_{12} 失电,其 3 支路触头 KA_{12} 断开;1 支路线圈 KA_{10} 因此失电,其主电路线圈 KM_1 失电,主触头断开,1 号泵停止运转,并发出声、光报警。

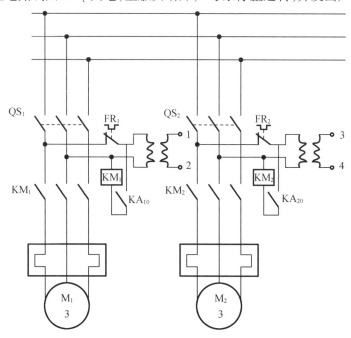

图 8 – 1　泵的主电路

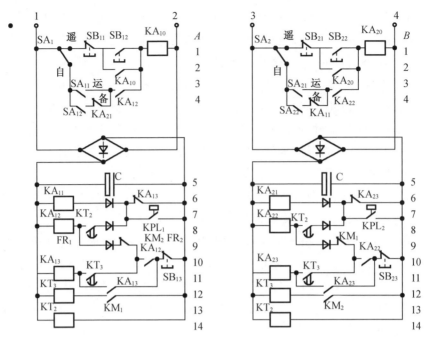

图 8-2　泵的控制电路

8.1.3　故障分析举例

1. 在图 8-2 泵的控制电路中,若时间继电器 KT_3 调整不当,会出现什么异常?

在自动控制过程中,若时间继电器 KT_3 调整过短,从前述分析可知:时间继电器 $13KT_3$ 线圈通电延时已到时,触头 $11KT_3$ 闭合,线圈 $11KA_{13}$ 得电,其常闭触头 $6KA_{13}$ 断开;而此时,泵的排出压力开关 $7KPL_1$ 或 $7KPL_2$ 还未来得及闭合,导致 $6KA_{11}$ 或 $6KA_{21}$ 失电,从而备用泵启动,运行泵停止运行。

2. 在图 8-2 泵的控制电路中,若不设二极管或二极管击穿,会导致哪些异常?

该控制系统中,若第二个二极管击穿或不设,则泵出现故障,泵的排出压力开关 $7KPL_1$ 或 $7KPL_2$ 断开时,线圈 $6KA_{11}$ 不会失电,备用泵不能启动,运行泵不能停止运行,可能导致机损事故发生。

【课后练习】

任务实施	任务评价(满分10分)			得分
图 8-2 泵的控制电路中,若2号泵处在运行位,1号泵处在备用位,在2号泵运行泵程中,因2号泵的出口压力过低而向1号泵切换,但2号泵仅点动一下,1号泵又继续运行,过一会儿又重复上述动作,试分析其故障原因。	正确,合理,语言表达清晰、流畅(8~10分)	大致正确,语言表达清晰、流畅(6~8分)	不能清晰、流畅解释该图含义(0~5分)	

任务8.2　泵的可编程序控制器控制

【任务导入】

可编程序控制器简称PLC,是一种数字运算操作的电子系统,专门在工业环境下应用而设计,它采用可以编制程序的存储器,用来在执行存储逻辑运算和顺序控制、定时、计数和算术运算等操作的指令,并通过数字或模拟的输入(I)和输出(O)接口,控制各种类型的机械设备或生产过程。本任务主要介绍PLC在泵的控制方面的应用。

【任务分析】

在PLC的控制方式中,其控制功能与常规控制方式相同,在维护、保养、查找故障时,应了解其各输入、输出元件(及电气图文符号)意义与作用,并能确认PLC是否正常工作(由指示灯显示),然后可具体分析电路的控制原理。

【任务实施】

8.2.1　控制线路图中控制元件及符号介绍

如图8-3为一GS泵的控制电路,控制元件及符号介绍如下:

52/89:主开关,为NFB(NO FUSE BREAKER)式空气开关。

88,42,6:分别为接触器。

4X、19X、42X、88A、TT_3、TT_4、RY、RY_1、RL为中间继电器。

51:热继电器,对电动机进行过载保护。

M:三相交流异步电动机。

TR:变压器。

INPUT、OUTPUT:分别为电脑控制单元(电源电压为5 V DC,WL为白色电源指示灯)的输入、输出信号端。电动机的启动、停止、保护等功能的信号由INPUT端输入;而输出信号使继电器线圈4,5得电去控制电动机的启、停等动作。CPU为处理控制单元,GL灯亮(绿色)表示电脑处于运行状态。

T_1、T_2、T_3、T_4:分别为时间继电器。

3C、3T、3R:分别为启动、停止、复位按钮。

COS:为"驾控""集控"转换开关,"驾控"时线端13至14、23至24、33至34通,"集控"时线端11至12、21至22、31至32通。

PS:为压力开关,泵的压力正常时断开。

TH:为GS泵电机过热温度(保护)开关。

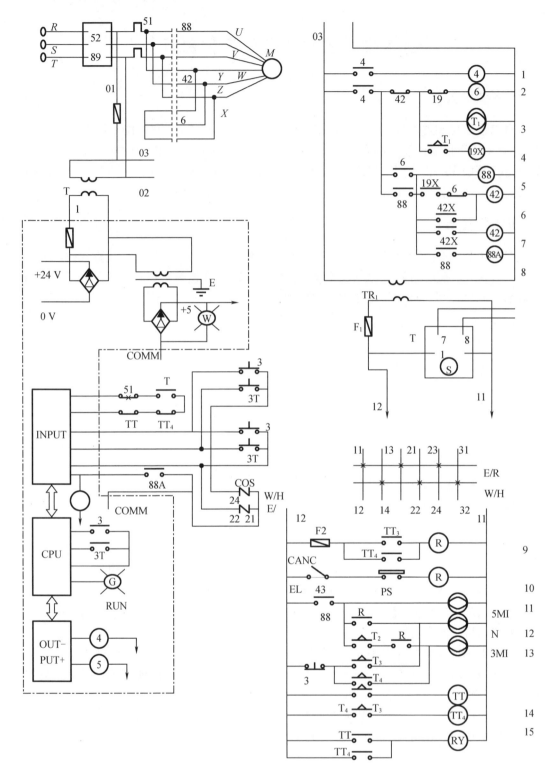

图 8-3　GS 泵的控制电路

8.2.2 泵的控制过程

合上主开关 52/89,在控制系统正常的情况下,输入信号中热继电器的常闭触头 51 闭合,TH 亦闭合;因线圈 TT₃、TT₄ 未得电,其作为输入信号的两个常闭触头闭合。此时按一下启动按钮 3C,电脑接到启动信号,经过 CPU 处理后,其输出信号使继电器线圈 4 得电,其第 1 路常开触头闭合使线圈 4X 得电,第 2 路常开触头 4X 闭合;此时因第 4 路时间继电器 T₁ 常开延闭触头不会瞬间闭合,19X 线圈不得电,线圈 42X、42 也未得电,故第 3 路常闭触头 42 和 19X 均闭合。因此,线圈 6 得电而其 5 路常开触头闭合后,第 5 路线圈 88 也得电。这样,主电路中,主触头 88 和 6 均闭合,电动机星形接法进行降压启动。第 6 路常开触头 88 闭合自锁。与此同时,3 路时间继电器通电,其 4 路触头延时准备闭合。当 T₁ 延时到达(此时泵已达稳定转速),其 4 路触头闭合,线圈 19X 得电,它一方面使 2 路 19X 触头断开,线圈 6 失电,第 6 路触头 6 闭合;另一方面第 6 路触头 19X 闭合。42X 线圈得电,一方面自锁触头自锁;另一方面使第 7 路线圈 42 得电。这样,主电路中,主触头 88 保持闭合,而主触头 6 断开,主触头 42 闭合,电动机由星形接法转换成三角形接法进行全压状态下的正常运行。

需要停泵时,按一下停止按钮 3T,电脑接到停泵信号,经过 CPU 处理后,其输出信号使继电器 4 失电,其第 1 路常开触头断开使线圈 4X 失电,第 2 路常开触头 4X 闭合断开使第 2~8 支路线圈均失电,主电路中,主触头 88、42 均断开,电动机停止运转。

8.2.3 泵的故障检测及保护功能

正常情况下,10 路开关 43 摆"NOR"位,泵压力未建立起时,压力开关 PS 闭合,线圈 RY 得电。而线圈 88 得电后,8 路线圈 88A 亦得电,其 11 路触头 88A 闭合,这样时间继电器 T₂、T₃ 均得电,其触头延时准备动作,但在未及动作时,压力开关 PS 断开,线圈 RY 失电,时间继电器 T₃、T₄ 均失电,继电器线圈 TT₃、TT₄ 不得电,电动机正常运转。若 3 min 内,泵压力仍未建立起来,则时间继电器 T₃ 延时到其 14 路触头闭合,导致线圈 TT₃ 得电,其电脑输入端常闭触头 TT₃ 断开。电脑接到该信号后,经 CPU 处理后,使继电器线圈 4、5 断电,发出停泵指令。若 3 min 内,泵压力建立起来,在时间继电器 T₂ 通电 5 min 后,其 13 触头 T₂ 闭合,如果泵的出口压力过低,压力开关 PS 闭合,线圈 RY 得电,13 路触头 RY 亦闭合,时间继电器 T₄ 通电,30 s 后,TT₄ 线圈得电,向电脑送入停泵的输入信号去停泵,即泵出口压力过低超过 30 s,泵停止运转。此时已锁住故障,按复位按钮可解除。

当电动机过载时,电动机主电路中 51(热元件)通过的电流过大,其常闭触头断开,向电脑送入停泵的输入信号去停泵;同理,当电机本身过热时,GS 泵电机过热温度(保护)开关 TH 断开,也可向电脑送入停泵的输入信号去停止泵的运行。

若 10 路开关 43 摆"CANCEL"位,可取消故障检测,即泵出口压力过低时也不停止运行,其控制过程,读者可自行分析。

【课后练习】

任务实施	任务评价(满分10分)			得分
根据图8-3所示GS泵的控制电路,简要说明泵的自动控制过程。	正确,合理,语言表达清晰、流畅(8~10分)	大致正确,语言表达清晰、流畅(6~8分)	不能清晰、流畅解释该图含义(0~5分)	

【项目小结】

  本项目重点介绍了船用泵的电气控制系统分析及故障处理,重点讲解了两个任务:主海水泵的电力拖动与控制、泵的可编程序控制器控制。通过这两个任务的学习,应该掌握船用泵的几种主要控制方式,包括手动控制、自动控制以及可编程序控制器的微机控制。同时,通过两个任务的学习,应具有能正确分析船用泵的常见故障、能够使用万用表电阻法和电压法排除故障等关于船舶泵管理、检修、维护岗位的核心技能。

项目9 锚机控制系统分析及故障处理

知识目标

- 锚机运行工作特点；
- 锚机系统对电力拖动的要求；
- 锚机系统对控制线路的要求；
- 锚机系统控制线路工作原理。

能力目标

- 能够正确操纵锚机的起锚和抛锚；
- 能掌握锚机的常用调试方法；
- 能正确分析锚机的常见故障；
- 能够使用电阻法和电压法排除故障。

任务9.1 船舶锚机工作过程

【任务导入】

锚机是船舶所必需的重要设备,用于船舶安全停泊在水面或系泊在码头上。锚机和绞缆机通常做成联动机组。根据所用动力不同,锚机及绞缆机可分为汽动、电动、电动－液压和内燃机驱动等几种,目前以电动锚机应用最广。

【任务分析】

起锚机有立式和卧式两种。它除了用于抛锚和起锚外,还可用作系缆。起锚机有正常起锚和应急起锚两种工作状态。

【任务实施】

9.1.1 正常起锚工作过程

正常起锚过程示意图如图9－1所示。

1. 第一阶段：收起躺在海底的锚链

将主令控制器手柄扳到起锚位置,电动机以全速收起躺在海底的一段锚链。此时电动机轴上的负载力矩 M_{j1} 不变,船舶在锚机的拉力作用下移近抛锚点,锚链的垂直部分形状不变。

2. 第二阶段：收紧锚链

锚爪抓住泥土,锚机将锚链拉紧,船在此力的作用下前进,电动机的负载力矩逐渐增大

到 M_{j2}，转速下降。

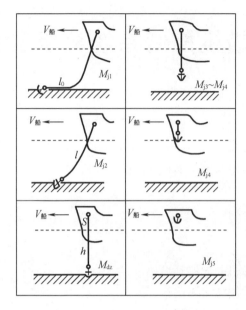

图 9 − 1　正常起锚过程示意图

3. 第三阶段：拔锚出土

在锚链拉紧后，靠船舶前进的惯性拔锚出土。若锚不能拔出，则电动机会发生堵转，电动机停止转动，电流增大。为了防止电动机因堵转而损坏，要求电动机有软的机械特性，即保持电动机的堵转力矩为额定转矩的两倍。堵转的时间不允许超过 1 min。为防止堵转时间过长，常要求动车"慢速前进"以靠推进器推动船舶前进来拔锚出土。

4. 第四阶段：收起悬于水中的锚及锚链

锚出土后，电动机的负载力矩突然降低到 M_{j3}，而其转速增加，随着锚链不断缩短，电动机的负载力矩也逐渐降低到 M_{j4}。此后，操作人员要向驾驶员报告所余的锚链数。

5. 第五阶段：将锚链拉入锚链孔中

在操作人员打钟报告锚已出水后，就用低速挡小心地将锚收进锚链孔中。在拉锚入孔时，由于摩擦，电动机的负载力矩增大到 M_{j5}。起锚完毕后，用止链器刹住锚链。

起锚过程的各阶段电动机的负载力矩变化如图 9 − 2 所示，与此相对应的电动机实际所发挥的转矩曲线即负载图如图 9 − 3 所示。从图 9 − 3 可见，起单锚的总时间为 T，因此若正常的抛锚深度为 100 m，依次起双锚的时间为 $2T$，则电动机的工作时间约为 30 min，故起锚电动机通常选用 30 min 短时工作制的电动机。

9.1.2　抛锚工作过程

抛锚时，若抛锚处海水不深，则可松开锚机的止链器，依靠锚及锚链的自身质量来实现。但在水深超过 50 m 时，应采用电动抛锚，使锚等速下落。

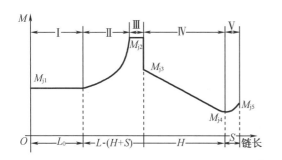

图9-2 电动机各阶段负载力矩曲线

注:L_0—躺在海底的锚链长度;L—悬链总长度;

H—抛锚深度;S—锚链孔离水面距离。

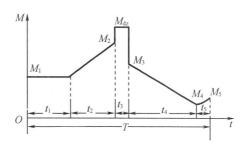

图9-3 正常起锚时电动机的负载图

注:t_1—收起L_0的时间;t_2—收紧锚链的时间;

t_3—拔锚出土的时间;t_4—收起悬于水中的锚及锚链时间;

t_5—拉锚入孔时间;$M_1 \sim M_5$—电动机发挥的力矩;

M_{dz}—电动机堵转力矩。

【课后练习】

任务实施	任务评价(满分10分)			得分
根据图9-1正常起锚过程示意图,解释说明图9-3正常起锚时电动机的负载图的含义。	正确,合理,语言表达清晰、流畅(8~10分)	大致正确,语言表达清晰、流畅(6~8分)	不能清晰、流畅解释该图含义(0~5分)	

任务9.2 电动起锚机控制线路的分析

【任务导入】

在交流船舶上,起锚机一般采用变极调速异步电动机、F-D系统、电动—液压系统等形式。近来可控硅—直流电动机调速系统也逐步应用到起锚机电力拖动中。

【任务分析】

为了在船上能够正确使用锚机,当锚机控制系统出现故障时,能及时确定故障发生的原因及故障发生的位置,因此要求管理人员首先能看懂锚机控制电路图,其次能详细地分析锚机控制电路图的工作原理。

【任务实施】

9.2.1 交流三速锚机调速原理

目前我国交流锚机广泛应用多速变极异步电动机拖动。如16/8/4极三速二绕组鼠笼式异步电动机的4极高速绕组单独一套,如图9-4(a)所示,采用星形接法:4U、4V、4W分别接电源,8U、8V、8W和16U₁、16U₂、16V、16W开路。其中速和低速合用一套绕组,低速时采用三角形接法为16极,如图9-4(c)所示,16U₁、16U₂连接后和16V、16W分别接电源,

8U、8V、8W 和 4U、4V、4W 开路。中速 8 极采用双星形接法,如图 9 – 4(b)所示,8U、8V、8W 分别接电源,16U$_1$、16U$_2$、16V、16W 合并短接,4U、4V、4W 开路。

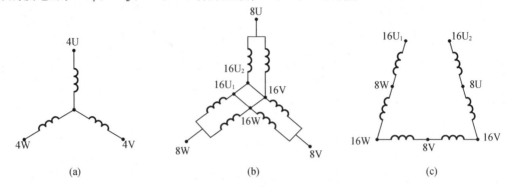

(a)   (b)   (c)

图 9 – 4　16/8/4 极三速二绕组异步电动机绕组接线示意图

9.2.2　交流三速锚机控制电路原理分析

交流三速锚机电动机的控制电路如图 9 – 5 所示。其动作原理分析如下:

1. 启动和运转

合上电源开关 QS 和控制开关 SA(5),则主令控制器的电源指示灯 HL(5)亮,表示电网已供电。因主令控制器置零位,其触头 SA$_1$(6)闭合,故零压继电器 KA$_2$(6)有电,其常开触头 KA$_2$(7)闭合自锁,并接通控制电路的电源和整流电源。此时,时间继电器 KT$_1$(18)通电,触头 KT$_1$(14)瞬时断开,切断 KM$_5$(13)回路;KT$_2$(19)通电,KT$_2$(4)触头瞬时闭合,短接过电流继电器 KA$_1$(4)。KT$_3$(20)通电,KT$_3$(22)瞬时闭合,为直流电磁制动器吸合线圈 YB(21)通电做准备。

2. 起锚一挡

当主令控制器手柄扳到起锚一挡时,触头 SA$_2$(8)、SA$_4$(10)、SA$_7$(17)闭合,SA$_2$(8)闭合使起锚继电器 KM$_1$(8)线圈通电,主触头 KM$_1$(2)闭合,为电动机起锚做好准备。辅助触头 KM$_1$(9)断开起互锁作用;SA$_7$(17)闭合,由于 KM$_1$(17)闭合,制动接触器 KM$_6$(17)通电,其触头 KM$_6$(21)闭合,直流电磁制动器线圈 YB(21)因得到全电压,立即强励快速释放电动机轴。同时,由于触头 KM$_6$(20)断开,使时间继电器 KT$_3$(20)立即失电,其触头 KT$_3$(22)延时不大于 1 s 断开,使经济电阻 R_3 串入电磁制动器线圈的电路中,以减少线圈电流的热损耗;SA$_4$(10)闭合,低速接触器 KM$_3$(10)通电,其主触头 KM$_3$(1)闭合,电动机低速起锚,其常闭触头打开,分别锁住中速和高速接触器,防止误动作。

3. 起锚二挡

当主令控制器手柄扳到起锚第二挡时,触头 SA$_2$(8)、SA$_7$(17)、SA$_5$(11)闭合,SA$_4$(10)断开。低速接触器 KM$_3$(10)失电,中速接触器 KM$_{4-2}$(12)、KM$_{4-1}$(11)相继通电,电动机接成双星形进行中速运转。同时,时间继电器 KT$_1$(18)因触头 KM$_{4-1}$(18)断开而失电,其触头 KT$_1$(14)延时 2 s 闭合,为进入高速起锚做准备。

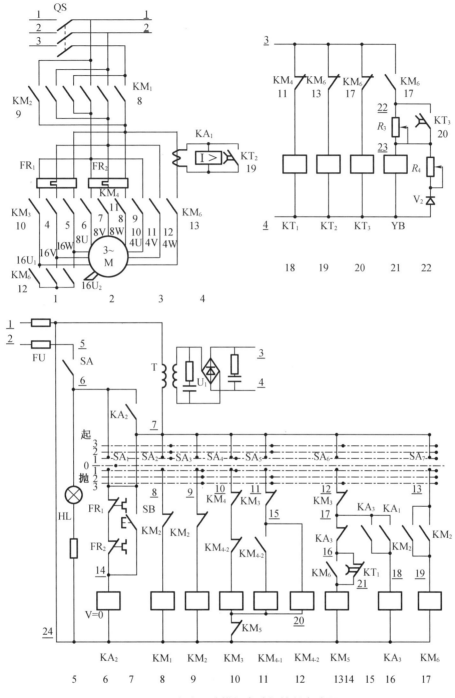

图 9−5 交流三速锚机电动机控制电路图

4. 起锚三挡

当主令控制器扳到起锚第三挡时,触头 SA₂(8)、SA₇(17)、SA₅(11)、SA₆(13)闭合,高速接触器 KM₅(13)通电,其主触头闭合,电动机的另一套星形绕组接通电源,电动机进入高速起锚阶段,辅助触头 KM₅(13)闭合自锁;KM₅(10)断开,锁住低速和中速接触器支路;KM₅(19)断开,使 KT₂(19)失电,其触头 KT₂(4)延时 2.5 s 断开,此时间是电动机高速启动的整定时间,在此时间内触头 $KT_2(4)$ 闭合,避免过电流继电器 $KA_1(4)$ 动作,使电动机能够高速启动,当启动完毕后,触头 $KT_2(4)$ 打开,使 $KA_1(4)$ 起到高速运行过载保护作用。

当高速运行过载时,过电流继电器 $KA_1(4)$ 动作,触头 $KA_1(16)$ 闭合,中间继电器 KA_3 (16) 通电,触头 $KA_3(15)$ 闭合自锁,触头 $KA_3(13)$ 断开,使 $KM_5(13)$ 失电,电动机退出高速运转。同时,辅助触头 $KM_5(10)$ 闭合,使 $KM_{4-2}(12)$ 、 $KM_{4-1}(11)$ 相继通电,电动机自动退换到中速运转。

5. 从零挡直接到起锚三挡

如果主令控制器手柄由零位直接扳到起锚第三挡时,则 KM_{4-2} 、 KM_{4-1} 先通电,电动机直接中速启动,然后经过时间继电器 KT_2 延时后,高速接触器 KM_5 才通电,从而转换到高速运转。

6. 抛锚

抛锚时控制电路工作过程与起锚时基本相同,只是抛锚接触器 KM_2 通电,电动机反转,深水抛锚时,在锚和锚链自重作用下,电动机将进入再生制动状态。

7. 紧急操作

$SB(7)$ 为紧急操作按钮,当电动机在中低挡运行过载时,热继电器 FR_1 、 FR_2 触头断开,在紧急情况下,按 $SB(7)$,可迫使电动机在低速或中速挡运行。

8. 电动机的停止

当主令控制器手柄扳到零位时,各接触器线圈都失电,其主触头皆断开,同时,电磁制动器线圈断点,线圈中的储能迅速通过二极管 $V_2(22)$ 和放电电阻 R_4 放电而开始制动,使电动机迅速停止运转。

【拓展知识】

起锚机的控制电路一般有如下特点:
(1)用主令控制器来接通继电器、接触器对电动机进行正转、反转和调速控制。
(2)当主令控制器手柄从零位突然扳到高速挡时,控制线路应具有自动逐级启动环节。
(3)控制线路应适应电动机能堵转 1 min 的要求。
(4)在深水抛锚时,控制线路应有再生制动和能耗制动的环节,实现等速抛锚。
(5)控制线路应有短路保护、失压保护、过载保护等保护环节。
(6)控制线路应有电气及机械相配合的制动环节,以便能快速停车。

【课后练习】

任务实施	任务评价(满分10分)			得分
1.根据图 9-5 详细解释说明起锚时如直接将主令控制器从零位推到三速系统如何动作。	正确,合理,语言表达清晰、流畅(8~10分)	大致正确,语言表达清晰、流畅(6~8分)	不能清晰、流畅解释该过程工作原理(0~5分)	
2.根据图 9-5 详细解释说明起锚三挡运行时是如何实现高速运行过载保护的。	正确,合理,语言表达清晰、流畅(8~10分)	大致正确,语言表达清晰、流畅(6~8分)	不能清晰、流畅解释如何实现过载保护(0~5分)	

任务9.3　锚机控制电路故障分析及处理

【任务导入】

锚机在使用过程中,经常会出现各种各样的故障,如何根据故障现象,正确分析故障出现的原因,及时排除故障是十分必要的。

【任务分析】

要想完成该任务,必须对锚机控制电路的工作原理非常熟悉,然后,据故障现象,初步判断故障可能出现的位置,使用电压法或电阻法查找故障的原因。

【任务实施】

9.3.1　起锚一、二、三挡不工作

故障现象:

锚机控制箱通电后,电源指示灯显示正常,主令控制器手柄搬到起锚一挡,电动机不工作,二挡电动机不工作,三挡电动机也不工作;主令控制器手柄搬到抛锚一挡,电动机正常工作,二挡电动机正常工作,三挡电动机正常工作,主令控制器手柄搬回到零位,电动机停转。

故障分析:

(1)电源指示灯显示正常,说明保险丝没有问题,不存在短路故障。

(2)抛锚一、二、三挡工作正常,说明电动机没有问题,同时说明一、二、三挡控制接触器 KM_3、KM_{4-1}、KM_{4-2}、KM_5 工作正常,抛锚控制接触器 KM_2 工作正常。

(3)根据以上现象分析可知,起锚控制接触器 KM_1 工作不正常,导致起锚一、二、三挡不能正常工作。

故障排除:

起锚控制接触器 KM_1 工作不正常的原因很多,需要逐一排除,由于抛锚工作正常,因此故障就出现在起锚控制接触器 KM_1 线圈控制支路上,分别采用电阻法和电压法进行故障排除。

1. 电阻法

采用电阻法查找锚机控制线路故障步骤如下:

(1)切断锚机控制箱主电源。

(2)万用表扳到欧姆挡的 X100 挡,然后进行调零操作。

(3)测量接触器 KM_1 线圈电阻,正常阻值在 1 000 Ω 左右,如果万用表显示阻值为零或无穷大,则说明接触器 KM_1 线圈出现故障,解决方法是更换接触器 KM_1 的线圈或更换全新的接触器。

(4)如果万用表显示阻值正常,则说明该支路存在断线情况或接线松动情况。

(5)万用表扳到欧姆挡的 X1 挡,然后进行调零操作。

(6)主令控制器手柄扳到起锚一挡位置,测量 KA_2 常开触点下端到接触器 KM_1 线圈的

上端,如果万用表显示阻值为无穷大,则说明该段线路存在故障,继续使用该方法直到查找出故障点。

(7)如果万用表显示阻值为零,则说明该段线路没有故障,下一步测量接触器 KM_1 线圈下端到继电器 KA_2 线圈下端,如果万用表显示阻值为无穷大,则说明该段线路存在故障。

2.电压法

采用电压法查找锚机控制线路故障步骤如下:

(1)接通锚机控制箱主电源,电源指示灯显示正常。

(2)万用表扳到交流电压挡的 700 V 挡。

(3)主令控制器手柄扳到起锚一挡位置,测量接触器 KM_1 线圈两端电压,如果万用表显示电压值为 380 V,则说明接触器 KM_1 线圈已经出现故障,因为线圈两端电压正常,而接触器不动作,则说明故障原因出现在线圈身上。如果万用表显示电压值为零,则说明线路中存在断线和接线头松脱情况,继续查找。

(4)万用表黑表笔放在继电器 KA_2 线圈下端,红表笔放在 KM_2 常闭触点上端,如果万用表显示电压值为 0 V,则说明 KA_2 常开触点下端到 KM_2 常闭触点上端这段线路与电源是不通的,说明故障就在这段线路上。如果万用表显示电压值为 380 V,则说明这段线路与电源是通的,可以排除发生故障的可能性。

(5)万用表黑表笔放在继电器 KA_2 线圈下端保持不动,红表笔放在 KM_1 线圈上端,如果万用表显示电压值为 0 V,则说明 KM_2 常闭触点上端到 KM_1 线圈上端这段线路与电源是不通的,说明故障就在这段线路上。如果万用表显示电压值为 380 V,则说明这段线路与电源是通的,可以排除发生故障的可能性。

(6)万用表黑表笔放在继电器 KA_2 线圈下端保持不动,红表笔放在 KM_1 线圈下端,如果万用表显示电压值为 0 V,则说明 KM_2 常闭触点下端到 KA_2 线圈下端这段线路与电源是不通的,则说明故障就在这段线路上。如果万用表显示电压值为 380 V,则说明这段线路与电源是通的,可以排除发生故障的可能性。

9.3.2 起锚、抛锚一挡不工作

故障现象:

锚机控制箱通电后,电源指示灯显示正常,主令控制器手柄搬到起锚一挡,电动机不工作,起锚二挡,电动机正常工作,起锚三挡,电动机正常工作,主令控制器手柄搬到抛锚一挡,电动机不工作,抛锚二挡,电动机正常工作,抛锚三挡,电动机正常工作,主令控制器手柄搬回到零位,电动机停转。

故障分析:

(1)电源指示灯显示正常,说明保险丝没有问题,不存在短路故障。

(2)起锚、抛锚二、三挡工作正常,说明电动机没有问题,同时说明二挡、三挡控制接触器 KM_{4-1}、KM_{4-2}、KM_5 工作正常,起锚、抛锚控制接触器 KM_1、KM_2 工作正常。

(3)根据以上现象分析可知,一挡接触器 KM_3 工作不正常,导致起锚、抛锚一挡不能正常工作。

故障排除:

起锚、抛锚一挡接触器 KM_3 工作不正常的原因很多,需要逐一排除,由于其他挡位锚机工作正常,因此故障就出现在接触器 KM_3 线圈控制支路上,分别采用电阻法和电压法进行

故障排除。具体步骤参见任务 9.3.1,这里就不详细叙述了。

【课后练习】

任务实施	任务评价(满分10分)			得分
根据图 9-5 详细分析锚机抛锚一、二、三挡都不能正常工作的原因,并采用电阻法和电压法找出故障点。	正确,合理,语言表达清晰、流畅,正确使用万用表,操作熟练,步骤准确(8~10分)	大致正确,语言表达清晰、流畅,正确使用万用表,操作比较熟练,步骤比较准确(6~8分)	不能清晰、流畅解释该故障出现的位置,正确使用万用表,操作不熟练,步骤不准确(0~5分)	

【项目小结】

本项目重点介绍了锚机电气控制系统分析及故障处理,重点讲解了三个任务:船舶锚机工作过程、电动起锚机控制线路的分析、锚机控制电路故障分析及处理。通过这三个任务的学习,应掌握锚机运行工作特点、锚机系统对电力拖动的要求、锚机系统对控制线路的要求、锚机系统控制线路工作原理等理论知识。同时,通过三个任务的学习,还应该具有能够正确操纵锚机的起锚和抛锚、了解锚机的常用调试方法、能正确分析锚机的常见故障、能够使用万用表电阻法和电压法排除故障等关于船舶锚机管理、检修、维护岗位的核心技能。

项目 10　起货机控制系统分析及故障处理

知识目标

- 起货机的运行工作特点；
- 起货机对电力拖动及控制的要求；
- 交流恒功率变极调速起货机特点及工作原理；
- 交流恒转矩变极调速起货机特点及工作原理；
- 电动液压起货机特点及工作原理。

能力目标

- 能够正确操纵起货机的起货和落货；
- 能掌握起货机的常用调试方法；
- 能正确分析起货机的常见故障；
- 能够使用电阻法和电压法排除故障。

任务 10.1　起货机的电力拖动与控制要求

【任务导入】

船用起货机按拖动方式可分为蒸汽起货机、电动液压起货机和电动起货机。蒸汽起货机在一般的船舶上已不再采用，但在油轮上，因其运行过程中不会产生电火花而仍有应用。电动液压起货机因其调速平滑、无级、运行平稳、传动效率高及电气控制线路简单而获得越来越广泛的应用。

【任务分析】

电动起货机具有便于实现自动控制和远距离控制的能力，能较好地满足起货机对拖动控制提出的要求，目前在船上被广泛采用。电动起货机又可分为吊杆式起货机和悬臂回转式起货机(克令吊)两种。吊杆式起货机又可分为单吊杆式和双吊杆式两种。

【任务实施】

10.1.1　交流电动起货机的类型

1. 变极调速鼠笼式异步电动机系统

它是通过改变三相异步电动机定子旋转磁场的极对数来进行调速的。根据调速的特点不同又可分为恒功率调速和恒转矩调速两种。它的优点是结构简单，便于维护和保养；缺点是启动冲击电流大，对电网的运行不利，调速是有级的，不平滑。

2. 发电机—电动机系统(F－D系统)

它是通过交流电动机拖动直流发电机产生直流电供给直流电机,再由直流电动机带动起重机械运行的拖动系统。由于是对直流电动机进行调速的,故调速平滑、范围广,控制简单;但一次投资大,维修保养工作量大。

3. 可控整流器—电动机系统

它是通过可控整流设备产生直流电供给直流电机,再由直流电动机带动起重机械运行的拖动系统。由于是对直流电动机进行调速的,故调速平滑、范围广,应用日渐广泛。

4. 电动液压起货机

它是用交流电动机拖动油泵,通过改变油泵的油压和油量实现调速的。其优点是平滑无级,运行稳定,过载能力强,对电动机要求不高,电气控制简单,运行可靠,维护工作量小;缺点是机械制造工艺要求高,油路复杂,漏油时不易修复。

10.1.2　起货机对电力拖动的要求

(1)要求电动机过载能力好,启动力矩足够大。

(2)要求电动机具有较软的机械特性,以自动适应轻载快速运行、重载慢速运行。

(3)调速范围要广,通常要求 n_{max}/n_{min} 在 7～10 之间。

(4)要求选用电动机转子转动惯量尽量小的电动机。

(5)应选用防水式电动机。

(6)应选用重复短时工作制的电动机。

10.1.3　起货机对控制电路的要求

起货机的控制电路必须保证起货机工作效率高,工作可靠,操作灵活。为此控制电路设有主令控制器,主令手柄一般应设有零位,提升各挡和下降各挡,以满足起货机的提升、下降、停止和调速的要求。通常控制电路应满足如下要求:

(1)控制电路中应设有逐级自动启动线路。

为了加快启动过程,降低接触器断开电流,当手柄从零位快速扳到提升或下降的高速挡时,应能逐级延时启动。启动时间应小于 2 s。

(2)控制线路中应具有三级自动制动功能。

为了减轻电磁制动器的负担,缩短制动过程,当手柄从高速挡快速扳到停车时,应有如下三级制动过程:转速高时单独电气制动,速度降低到一定值后电气与机械联合制动,速度接近于零时单独机械制动直到停车。制动时间应小于 1 s。

(3)控制线路应设有逆转矩控制环节。

为了防止发生中速绕组和高速绕组的反接制动,避免过大的冲击电流,当主令控制器手柄从提升的高速挡快速扳到下降的高速挡(或反向操作)时,应首先实现从高速挡到零的自动制动停车过程,然后再实现零位到反向高速挡的自动启动过程。这种控制方式称为逆转矩控制。

(4)控制线路应具有防止货物自由跌落的保护措施。

下降货物时,应有电气制动以保证货物等速下降。在启动时应先接通低速绕组电源后才能松开电磁制动器;在换挡过程中,当主令控制器手柄在两挡中间位置时,起货电动机应总有一个绕组通电,如在提升货物时,中速绕组通电低速绕组才能断电,高速绕组通电后,中速绕组才能断电。

（5）应能保证不发生中速和高速堵转现象。

即中速或高速绕组通电时电磁制动器不应抱闸，或者说当电磁制动器抱闸时，中速和高速绕组应立即断电。

（6）采用通风机冷却的起货机，应在打开风门、风机运行后才能启动起货机；当风机故障停止运行时，起货电动机只有低速绕组可以通电运行，以便放下吊在空中的货物。

（7）采用恒功率调速的起货机，应有保证当货物超重时不能高速运行的措施。

（8）控制线路还应有失压保护、单相保护、过热保护和短路保护等保护措施。

此外，还应设置应急切断开关，以便在紧急情况下能应急停车。

【课后练习】

任务实施	任务评价（满分10分）			得分
简述对起货机控制线路有哪些要求？	正确，合理，语言表达清晰、流畅（8~10分）	大致正确，语言表达清晰、流畅（6~8分）	不能清晰、流畅解释（0~5分）	

任务 10.2　交流恒转矩变极调速起货机应用

【任务导入】

恒转矩变极调速三相交流异步电动起货机和前节所述的恒功率变极调速三相交流异步电动起货机有所不同，恒转矩变极调速三相交流异步电动起货机启动力矩大，但启动电流也大，约为额定电流的 5~6 倍（恒功率调速电动起货机约为额定电流的 2 倍）；恒转矩电动起货机高速时的转矩比恒功率调速电动起货机大；恒转矩电动起货机高速时可提升额定负载而恒功率调速电动起货机高速时只能提升半载；恒转矩电动起货机无须超载保护环节，控制电路简单，维修方便。

【任务分析】

本任务要分析的"西门子"交流电动起货机是一种恒转矩变极调速三相交流异步电动起货机，它的控制电路完全符合对交流电动起货机控制电路的要求。

【任务实施】

10.2.1　"西门子"交流电动起货机的主要特点

（1）控制电路中设有逐级自动延时启动线路：当手柄从零位快速扳到提升或下降的高速挡时，能逐级延时启动。启动时间小于 2 s。

（2）控制线路中具有三级制动功能：当手柄从高速挡快速扳到停车时，有如下三级制动过程：转速高时单独电气制动，速度降低到一定值后电气与机械联合制动，速度接近于零时单独机械制动直到停车。制动时间小于1 s。

（3）控制线路设有逆转矩控制环节：当主令控制器手柄从提升的高速挡快速扳到下降的高速挡（或反向操作）时，首先从高速挡自动制动停车，然后再实现从零位到反向高速挡的自动启动过程。

（4）控制线路具有防止货物自由跌落的保护措施：下降货物时，有电气制动以保证货物等速下降；在启动时低速绕组通电后才能松开电磁制动器；在换挡过程中，当主令控制器手柄在两挡中间位置时，起货电动机总有一个绕组通电，如在提升货物时，中速绕组通电低速绕组才能断电，高速绕组通电后，中速绕组才能断电。

（5）有保证不发生中速和高速堵转现象的措施：当电磁制动器抱闸时，中速和高速绕组立即断电。

（6）采用通风机冷却的起货机，在打开风门、风机运行后才能启动起货机；当风机故障停止运行时，起货电动机只有低速绕组可以通电运行，以便放下吊在空中的货物。

（7）控制线路有失压保护、单相保护、热保护和短路保护等保护措施。此外，还设置了应急切断开关，以便在紧急情况下能应急停车。

图10-1是"西门子"交流三速电动起货机主电路图，图10-2是其控制电路图，下面分析其工作原理。

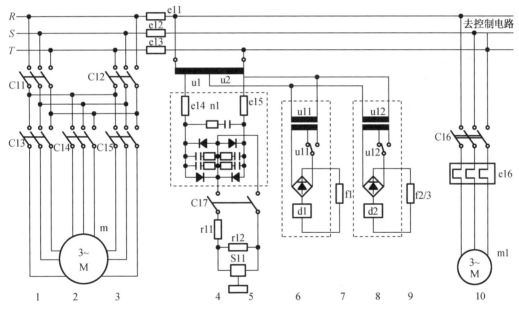

图10-1 "西门子"交流三速电动起货机主电路图

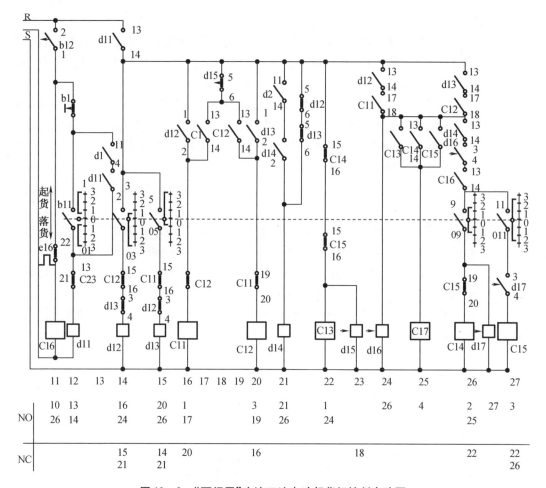

图 10－2 "西门子"交流三速电动起货机控制电路图

10.2.2 起货机控制线路分析

1. 准备(主令控制器手柄在零位)

当要使用起货机时,应先打开起货电动机的风门,风门打开后,风门开关 b12 自动闭合,风机接触器 11－C16 通电吸合,其主触头 10－C16 闭合,风扇电动机 m1 电源接通,风机启动运行以冷却起货电动机;C16 的常开辅助触头 26－C16(13,14)闭合,为中速接触器 26－C14 和高速接触器 27－C15 接通做准备,保证只有在风机运行的条件下起货机才能进入中、高速运行。

在正常情况下,应急停止开关 12－b1 是闭合的,同时主令控制器手柄在零位上,主令控制器触头 12－b11(1,01)是闭合的,故失压继电器 12－d11 通电吸合,其触头 13－d11(1,2)闭合自锁(在低速绕组不过载时,6－d1 通电吸合,13－d1 闭合时),组成零压保护电路;14－d11(13,14)闭合,向控制电路供电。

由于此时中速接触器 26－C14 和高速接触器 27－C15 均为失电状态,接触器 22－C13 通电吸合,其主触头 1－C13 闭合,为低速绕组通电做准备;其辅助触头 25－C13(13,14)闭合,为制动接触器 25－C17 通电吸合做好准备。22－C13 通电的同时,时间继电器 23－d15 也通电,其常闭延开触点 18－d15(5,6)延时断开,切断再生制动回路。

因在零位时上升继电器 14 - d12 和下降继电器 15 - d13 在失电状态,中、高速跳闸继电器 21 - d14 通电吸合,在中、高速绕组不过载 8 - d2 通电吸合、21 - d2 闭合的情况下,常开触点 21 - d14(1,2)闭合自锁;26 - d14(13,14)闭合,为中、高速运行做准备。

2. 起货第一挡

当主令控制器 b11 扳到起货(上升)第一挡时,主令触头 14 - b11(3,03)接通,上升辅助继电器 14 - d12 通电吸合,16 - d12(1,2)闭合,上升接触器 16 - C11 通电吸合,其主触头 1 - C11 闭合,接通低速绕组电源;14 - d12 的常闭触点 15 - d12(3,4)断开,使下降辅助继电器 15 - d13 断电而组成正反转互锁;14 - d12 的常开触点 24 - d12(13,14)闭合,由于 24 - C11(17,18)已经闭合,故电磁制动接触器 25 - C17 通电吸合,其常开触头 4 - C17 闭合,电磁制动器 4 - S11 通过整流器获电动作,松开刹车,使起货电动机低速运行。这里 C11 和 C17 之间组成了程序联锁,确保电动机低速绕组先通电,S11 才能通电松闸,避免了重物自行落下的可能。25 - C17 通电的同时,时间继电器 24 - d16 通电,它的常开延闭触点 26 - d16(3,4)延时闭合,为向中、高速接触器 26 - C14 和 27 - C15 通电做准备。这里延时的目的是为了保证在手柄快速扳到中、高速挡时,有足够的时间进行低速启动,以防直接进行中、高速启动造成对起货电动机的冲击。在此期间,若起货电动机的中、高速绕组不过载,8 - d2 吸合,中、高速辅助继电器 21 - d14 获电并自锁,其常开触点 26 - d14(13,14)闭合,使中、高速接触器有通电的可能,否则 8 - d2 释放,21 - d14 失电,起货机不能进入中、高速运行。

3. 起货第二挡

当主令控制器手柄从起货第一挡扳到起货第二挡时,主令触头 26 - b11(9,09)接通,中速接触器 26 - C14 通电吸合,其主触头 2 - C14 闭合,中速绕组通电,起货机中速运行;其常闭辅助触点 22 - C14(15,16)断开,低速接触器 22 - C13 断电,使低速绕组断电,保证电动机在换挡过程中不会中断供电。同时 23 - d15 失电,18 - d15(5,6)立即闭合,为停车或反向操作时进行再生制动做好准备。与此同时,时间继电器 26 - d17 通电,其常开延闭触点 27 - d17(3,4)延时闭合,为第三挡高速运行做准备。

4. 起货第三挡

将主令控制器手柄扳到起货第三挡时,主令触头 27 - b11(11,011)闭合,高速接触器 27 - C15 通电吸合,其主触头 3 - C15 闭合接通高速绕组,使起货电动机高速运行;其辅助触点 26 - C15(19,20)断开,中速接触器 26 - C14 失电,2 - C14 断开,中速绕组断电,保证在换挡过程中不会中断向起货电动机供电。在上升各挡时,电磁刹车接触器 25 - C17 始终保持通电吸合状态,以保持刹车松开。

5. 主令控制器手柄从零位快速扳到起货第三挡

因为主令控制器手柄在零位时已有 12 - d11、11 - C16、21 - d14、23 - d15、22 - C13 通电吸合,当控制手柄突然扳到起货第三挡时,主令控制器触头 14 - b11(3,03)、26 - b11(9,09)、27 - b11(11,011)闭合,这时 14 - d12 和 16 - C11 先后通电,使低速绕组通电,同时 25 - C17 因 24 - d12(13,14)、24 - C11(17,18)、25 - C13(13,14)已接通而使 25 - C17 线圈获电,其常开触头 4 - C17 接通,电磁制动器 4 - S11 通电而松闸,起货电动机首先在低速启动。在 25 - C17 线圈通电的同时,时间继电器 24 - d16 也通电,经约 0.25 s 延时后,其常开触点 26 - d16(3,4)闭合,使中速接触器 26 - C14 线圈通电吸合,起货电动机转换到中速绕组加速运行,22 - C13 和 23 - d15 失电断开低速绕组并使 18 - d15 闭合,为再生制动做准备。在 26 - C14 通电吸合的同时，时间继电器 26 - d17 通电，经约 0.5 s 延时后，其常开延时闭合触点 27 - d17(3,4) 闭合，使高速接触器 27 - C15 通电吸合，起货电动机转换到高速绕组加速到高速运行，常闭触点 26 - C15 断开，26 - C14 失电，中速绕组断电。由以上分析可见，主令控制器手柄突然从零位扳到起货第三挡时，启动过程与手柄的操作速度无关，而是通过时间继电器 24 - d16 和 26 - d17 的延时控制，按时间原则自动启动并逐步加速到高速运行，不会出现高速、中速绕组堵转，也不会出现直接高速启动的情况。

6. 主令控制器手柄从起货第二、三挡突然扳回零位

由于在第二（或三）挡时，中速（或高速）接触器 26 - C14（或 27 - C15）的线圈是通电吸合的，其常闭触点 22 - C14 或 22 - C15 断开，时间继电器 23 - d15 处于断电状态，其常闭延开触点 18 - d15(5,6) 是闭合的，这为接通再生制动电路做好了准备。当手柄突然回到零位时，上升辅助继电器 14 - d12 断电释放了，其常开触点 16 - d12(1,2) 断开；同时手柄回零位后 26,27 回路也断开，26 - C14 和 27 - C15 断电，其常闭触点 22 - C14(15,16) 和 22 - C15(15,16) 闭合，使 22 回路接通，低速接触器 22 - C13 和时间继电器 23 - d15 同时通电。时间继电器 23 - d15 的常闭延开触点 18 - d15(5,6) 在延时期间还未断开，16 - C11 的自锁触点 17 - C11(13,14) 使 16 - C11 继续保持通电吸合状态，又因低速接触器 22 - C13 在零位时是通电吸合的，这使得低速绕组和电源是接通的，使起货电动机进入再生制动状态。在上升辅助继电器 14 - d12 断电的同时，其常开触点 24 - d12(13,14) 断开，电磁制动接触器 25 - C17 线圈失电，制动电磁铁线圈 4 - S11 的直流电源被切断，但因 S11 是大电感元件，它将通过电阻 r12 放电并在短暂时间内维持松闸状态，S11 放电到不足以使电磁铁吸合时释放而使制动器刹车。此期间因 18 - d15 还未断开，故再生制动和机械制动同时起作用（联合制动）。最后，当时间继电器 d15 延时结束，18 - d15(5,6) 断开，接触器 16 - C11 断电释放，低速绕组断电，靠机械制动使起货电动机停车。

7. 落货

落货各挡或从零位快速扳到落货二、三挡，或从落货二、三挡快速扳回零位都与起货时的情况相类似，所不同的是：落货时下降辅助继电器 15 - d13 取代了 14 - d12；下降接触器 20 - C12 取代了 16 - C11，起货电动机反转。由于货物是位能性负载，在落货时使电动机处于再生制动状态下运行，电动机使货物匀速下降。

8. 主令控制器手柄从起货第三挡快速扳到落货第三挡（或相反）

其过程为先三级制动停车，后按时间原则逐级反向启动过程。主令控制器手柄在落货状态时其触点 14 - b11(3,03) 断开，上升辅助接触器 14 - d12 断电释放，其常开触点 24 - d12(13,14) 断开，使制动接触器 25 - C17 和 4 - S11 相继延时释放，同时在手柄过零位时使中速接触器 26 - C14 和高速接触器 27 - C15 也都相继断电释放，其常闭触点 22 - C14(15,16) 和 22 - C15(15,16) 闭合，使低速接触器 22 - C13 通电吸合，时间继电器 23 - d15 同时通电。在 23 - d15 延时时间内，其常闭延开触点 18 - d15(5,6) 仍然闭合，加之 17 - C11 的自锁作用，上升接触器 16 - C11 继续保持有电吸合状态，15 - C11、20 - C11 断开迫使下降辅助继电器 15 - d13 和下降接触器 20 - C12 不能获电，防止了起货电动机在高速状态下反接制动的可能。由于低速接触器 22 - C13 和上升接触器 16 - C11 仍然吸合接通低速绕组的电源，起货电动机进入再生制动状态。同时制动接触器 25 - C17 断电释放，制动电磁铁线圈 4 - S11 延时释放刹车，又加入了机械制动，此期间既有再生制动，又有机械制动，故称联合制动。待 23 - d15 延时结束，其常闭延开触点 18 - d15(5,6) 断开，上升接触器 16 -

C11断电释放,再生制动完毕,由机械制动直到停车。16 - C11断电后,其常闭触点15 - C11(15,16)闭合,下降辅助继电器15 - d13获电,其常开触点20 - d13(1,2)闭合,下降接触器20 - C12通电吸合,开始按落货方向逐级延时启动,并加速到要求的下降转速后稳定运行,这种控制称为"逆转矩控制"。

10.2.3 起货机控制线路保护环节

1. 逆转矩控制

如上面第8项所述,此不重复。

2. 防止货物自由跌落

其一:在货物下降时,起货电动机处在再生制动状态下运行,使货物等速下降。其二:在换挡过程中,中速接触器26 - C14通电吸合,其常闭触点22 - C14(15,16)断开后,低速接触器22 - C13才断电,断开起货电机低速绕组的电源;高速接触器27 - C15通电吸合,其常闭触点26 - C15(19,20)断开后,中速接触器26 - C14才断电,断开起货电机中速绕组的电源;即使在主令控制器手柄在两挡中间位置时,总是有一个接触器吸合,使起货电动机对应的一个绕组通电,保证货物不会自由下落。

3. 应急切断

如遇控制器失控或其他紧急情况时,可按下应急按钮12 - b1切断控制电路电源,使起货机立即停止工作。

4. 失压保护(零电压保护)

用零电压继电器12 - d11和主令控制器触点12 - b11(1,01)来实现零电压保护。当出现失压后又恢复供电时,必须先将主令控制器手柄扳回到零位,12 - d11才有可能再次获电并自锁,控制电路电源才会接通。这样可防止手柄不在零位时失电后又恢复供电的情况下自动启动造成意外事故。本起货机采用断电刹车方式,断电后电磁刹车靠弹簧力复位刹紧,防止货物下落伤人。

5. 起货机过载保护

用安装在起货电动机低速绕组内部的热敏电阻7 - f1来控制低速挡保护跳闸单元6 - u11,用安装在起货电动机中、高速绕组内部的热敏电阻9 - f2/3来控制中、高挡保护跳闸单元8 - u12,以实现过载保护。当低速绕组长期过载时,热敏电阻7 - f1的阻值升高,使6 - u11中的电流继电器6 - d1释放,断开13 - d1(11,4),零电压继电器12 - d11断电使整个控制电路失电,起货机停止工作。同样,当中、高速绕组长期过载时,9 - f2/3电阻值升高,使8 - u12中的8 - d2释放,其常开触点21 - d2断开,21 - d14失电,触点26 - d14(13,14)断开,中、高速接触器26 - C14、27 - C15断电,起货机不能在中、高速运行而只能在低速运行。

6. 风机过载保护

用热继电器10 - e16来实现。风机过载时,10 - e16动作,11 - e16(21,22)断开,风机接触器11 - C16断电释放,风机停止工作。同时其常开触点26 - C16(13,14)断开,使26和27回路断电,起货机不能在中、高速运行而只能在低速运行。

【课后练习】

任务实施	任务评价(满分10分)			得分
根据图10-1和图10-2,解释说明主令控制器手柄突然从起货第三挡快速扳到零位时的工作原理。	正确,合理,语言表达清晰、流畅(8~10分)	大致正确,语言表达清晰、流畅(6~8分)	不能清晰、流畅解释(0~5分)	

任务10.3 电动液压起货机的应用

【任务导入】

电动液压起货机是一种较新型的起货机,其应用日趋普遍。它的主要优点是:便于实现无级调速和微动转动;起停时对电网的冲击小,能平稳地频繁启停和换向;此外还易于实现过载保护,又能吸收冲击负荷。但液压系统对制造和管理的要求较高,价格也比一般电动起货机系统的要求高。

【任务分析】

电动液压起货机主要由油泵机组、油马达及各种控制阀等组成,通过管路连接构成液压传动系统,油马达也叫液动机,用以拖动起货机卷筒转动,油马达的转动是利用高压油来推动的,油泵的作用就是向油马达提供压力油液,而油泵由电动机拖动,故称电动液压起货机。

【任务实施】

10.3.1 液压系统工作原理

油泵、拖动油泵的电动机及其启动设备合称为油泵机组,各种控制阀用来控制和调节液压系统中油压的压力、流量和方向等,以保证拖动系统平稳而又协调的工作。与发电机和电动起货机的功能相似,油泵机组相当于发电机组,油马达相当于电动机,各种控制阀相当于开关的控制设备,而管路相当于导线。

现以国产双吊杆式电动液压起货机为例,其左、右吊杆的卷筒驱动系统完全对称,液压元件和控制线路也完全相同。图10-3为左(或右)吊杆液压系统工作原理简图。液压系统由一台鼠笼式异步电动机3拖动主油泵1向油马达2提供压力油。油马达2拖动起货卷筒转动。主油泵与油马达构成独立的闭合循环回路,因此该系统称为"闭式系统"。

1. 主油泵和油马达

本液压系统中的主油泵为斜盘式双向变量泵,通过改变倾斜盘倾斜角的方向改变泵的吸排油的流动方向,从而调节油马达旋转方向;通过改变倾斜盘倾斜角的大小改变排量的大小,从而调节油马达的转速。在泵的端部装有变向变量的控制机构,只要拉动控制机构和拉杆,便可使倾斜盘偏转。倾斜盘与泵垂直时不排油,当向上拉动拉杆时,倾斜盘向某一方向倾斜(如对应于"起货"方向),而向下拉动拉杆时,便可向另一方向倾斜(对应于"落货"方向)。

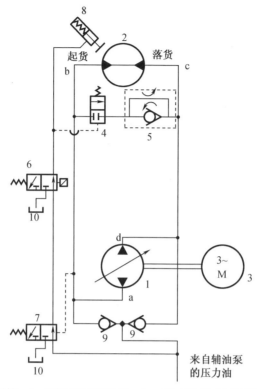

1—主油泵;2—油马达;3—鼠笼式异步电动机;4—二位三通阀(旁通阀);5—单向节流阀;
6—电动二位三通阀(刹车电磁阀);7—液压二位三通阀;8—刹车油缸;9—单项阀;10—储油箱。

图10-3 左(或右)吊杆液压系统工作原理简图

油马达从结构上可分为柱塞式、滑板式和齿轮式等各种结构。本液压系统中使用的是柱塞式双向油马达。除主油泵外还有辅油泵(图中未画),用以向液压刹车(相当于电磁铁刹车)油缸8和旁通控制阀4等提供压力油,并向主油泵循环系统补充油液等。

2. 液压系统工作原理

根据图10-3所示,分析液压系统的起货、落货、调速和制动等工作状态。

(1)起货:

油泵机组启动后,操纵主令手柄从零位扳到上升位,变量泵的倾斜盘向起货方向倾斜,变量泵a管排压力油,d管吸入,管路ab段内为高压油。阀7有液压信号而处于右位。但在油刹车松闸前,阀4处于上位,主油泵的排油经阀4和阀5组成的旁通支路流回吸油管d。主令手柄离开零位后,阀6通电而处于右位,来自辅油泵的压力油经阀6进入刹车油缸8,将克服弹簧力使油刹车松闸。同时流向刹车油缸的压力油进入阀4的控制油路,使阀处于下位而关闭,于是,高压油经ab管路流入油马达。油马达产生转动力矩带动卷筒旋转提升货物。改变主令手柄的位置,可改变变量泵倾斜盘的倾斜角大小而实现起货速度的调节。

（2）落货：

主令手柄扳到下降位时，变量泵的倾斜盘向反向倾斜，使吸排方向与起货时相反。变量泵的高压油从 c 管进入油马达，使油马达产生反向转矩而反转落货，在空钩时，油马达克服摩擦力而拖动卷筒下降。而在下放重物时，在货重的作用下，油马达转速不断升高，当油马达排出的油量大于变量泵的排量时，油管 ab 内油压将高于 cd 管内的油压，这时便产生制动转矩，油马达由拖动卷筒变为阻碍卷筒旋转，当制动转矩随转速而增加到与货重产生的力矩平衡时，便以稳定转速等速落货。此时油马达以油泵状态运行，而油泵以油马达状态运行，其能量或供给同轴的另一个主油泵，或拖动电动机变为发电机状态运行，将电能反馈至电网，这一状态与电动起货机中，电动机的再生制动状态类似。落货速度的调节，同样通过扳动主令手柄的位置，改变变量泵倾斜盘的倾斜角来实现。

10.3.2　电气系统的工作原理

图 10-4 为电动液压起货机电气系统原理图，该起货机吊杆的上下移动，是利用电动机 1M、2M 拖动的。因 1M、2M 的控制线路完全相同，故图中仅画出 1M 的控制线路。1M 的定子绕组有七根出线头，分别为 D_1、D_2、D_3、CH_1、CH_2、CH_3 和 N。该型电动机附有直流电源，利用电动机本身每相绕组的中间抽头 CH_1、CH_2、CH_3 经硅整流器 V_1 整流供电。为保证制动器动作灵敏，在电动机断电瞬时，接触器辅助触头 KM_R 或 KM_F 断开，使制动器线圈 YB_1 经放电电阻 R_f 放电，迅速刹车，而电动机通电时，电阻 R_f 短接，使制动器可靠动作松闸。吊杆电动机用正反转磁力启动器直接启动，通过按钮控制和连锁。

主油泵电动机 M_1 的容量较大，采用星-三角降压启动。根据液压系统的要求，应先启动辅油泵电动机约 1 min 后再启动主油泵电动机，为此利用接触器 KM_1 的常开辅助触头与接触器 KM_2 线圈连锁，来满足这一要求。

零位开关 SA_1、SA_2 的常开触头，用来控制刹车电磁阀线圈 YV_1、YV_2。当起货机的主令手柄在零位时，该触头打开，电磁阀断电，液压制动器刹车。主令手柄离开零位时，触头闭合使电磁阀通电，油刹车松闸。零位开关 SA_1、SA_2 的常闭触头与主油泵接触器 KM_2 线圈连锁，其触头与启动按钮 SB_6 串联后，再与 KM_2 自保触头并联。当主令手柄在零位时才能启动主油泵电动机，实现零位保护。主油泵电动机启动后，变压器 TM 供电，操纵主令手柄，液压系统才能工作。

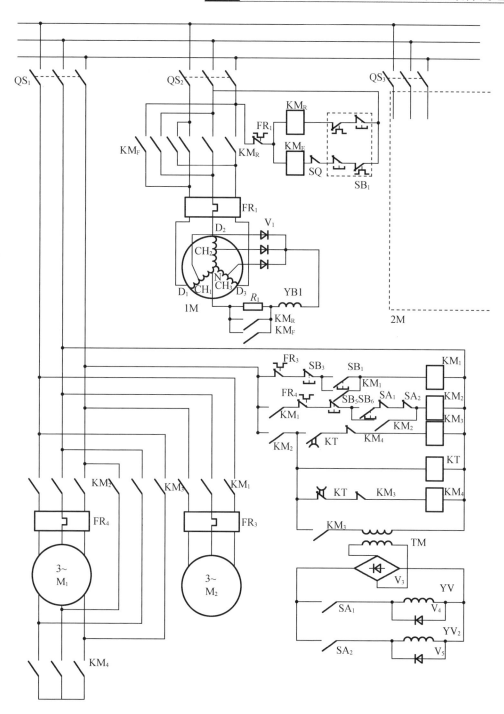

M_1—主油泵电动机；M_2—辅油泵电动机；$1M$、$2M$—吊杆电动机；SA_1、SA_2—零位开关；

YB_1、YB_2—直流电磁制动器；YV_1、YV_2—刹车电磁阀线圈。

图 10－4　电动液压起货机电气系统原理图

【课后练习】

任务实施	任务评价(满分10分)			得分
根据图10-3解释说明电动液压起货机起货时的工作原理。	正确,合理,语言表达清晰、流畅(8~10分)	大致正确,语言表达清晰、流畅(6~8分)	不能清晰、流畅解释(0~5分)	

【项目小结】

本项目重点介绍了起货机电气控制系统分析及故障处理,重点讲解了三个任务:起货机的电力拖动与控制要求、交流恒转矩变极调速起货机应用、电动液压起货机的应用。通过这三个任务的学习,应掌握起货机运行工作特点、起货机系统对电力拖动的要求、起货机系统对控制线路的要求、起货机系统控制线路工作原理等理论知识。同时,通过三个任务的学习,还应该具有能够正确操纵起货机的起货和落货、了解起货机的常用调试方法、能正确分析起货机的常见故障、能够使用万用表电阻法和电压法排除故障等关于船舶起货机管理、检修、维护岗位的核心技能。

项目 11　船舶舵机电力拖动自动控制系统

知识目标

- 船舶舵机系统的结构与作用；
- 三种舵机控制形式的工作原理；
- 自适应操舵装置的工作原理；
- 船舶舵机系统的控制线路图。

能力目标

- 能够正常操作船舶舵机系统；
- 能正确分析判断安修斯自动舵控制线路故障及恢复运行；
- 会识读船舶电气系统图、原理图、接线图及并能按照规范进行接线；
- 能够对舵机设备进行日常检查和保养。

任务 11.1　认识和操作船舶操舵系统

【任务导入】

舵机是改变船舶航向或维持船舶已设定航向的重要设备。目前,船上广泛地应用电力拖动舵机及自动操舵装置(俗称自动舵装置),船上的舵机从驱动形式上可分为人力舵、电动舵、液压舵和电液驱动舵(俗称电－液舵),其应用最广泛的是电－液舵。从控制形式上分为手动舵、随动舵、自动舵和自适应舵四种。自动舵和自适应舵是用来自动保持船舶在给定航向上航行的自动控制装置,其实是一种航向自动控制系统,其被控制量是航向。

【任务分析】

舵机从不同方面进行分类,种类较多。本任务要求能够区分各类船舶的各类操舵系统,了解三类操舵系统的原理,能够熟练操舵。

【任务实施】

11.1.1　手动操舵系统

1. 手动操舵系统方块图

近代船舶上都装有手动舵装置。它是一个开环控制系统,系统的主要环节可用方框图表示,如图 11 - 1 所示。它主要包括如下环节。

(1)手柄:发出操舵信号的指令元件;

(2)放大器:用来放大指令信号供给执行机构,目前多采用半导体放大器,电—液放大

器,磁放大和电机放大器等;

图 11－1　手动操舵系统方框图

(3)执行机构:用来推动舵转动装置,一般用电动机或电动液压装置;

(4)转动装置:将执行机构的角位移传给舵;

(5)舵叶。

2.手动操舵的特点

手动操舵的特点是:手扳舵转,手放舵停;左舵左扳,回舵右扳;右舵右扳,回舵左扳。进行手动操舵,操舵人员必须经常观察罗经上航向指示及舵角指示器,再根据操舵要求扳动操舵手柄,发出操舵信号。每转舵一次,扳动操舵手柄两次(一次发出信号使舵偏转,一次消除信号使舵停转)。因此,这种操舵系统虽简单,但操舵人员劳动强度大。

11.1.2　随动操舵系统

1.随动操舵系统方框图

随动操舵系统方框图如图 11－2 所示,它是由指令机构、比较机构、测量机构和调节对象等环节所组成,以此实现被调量的自动调节作用。其系统为闭环系统,在系统中被调量是舵角,调节对象是舵。从系统的方框图可以看出,当系统中的人发出一个操舵指令时,则手轮转动,发出偏舵信号。输出一个 U_i,其 U_i 和 U_f 进行比较后产生一个偏差信号 e,偏差信号 e 经放大器环节放大后,发至执行机构,执行机构根据放大的偏差信号,决定调节对象的转动方向。通过测量机构所测得的舵角信号连至比较机构,当 $e = U_i - U_f = 0$ 时,说明系统已完成了该命令的控制过程。

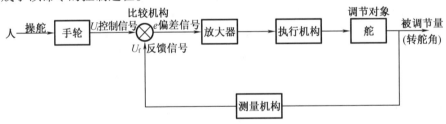

图 11－2　随动操舵系统方框图

2.随动操舵的特点

随动操舵的特点是:操舵手轮向某舷转动发出一个指令舵角,舵叶就跟随手轮的方向转某一舵角。操舵手轮转至零位,舵叶也跟随船舶的艏艉线上停下来。总之,随动操舵时舵叶的偏转角度与操舵手轮的指令角度总是一致的。

11.1.3　自动操舵系统

1.自动操舵系统基本原理

自动操舵系统方框图如图 11－3 所示。

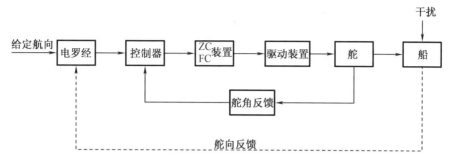

图 11 -3　自动操舵系统方框图

自动舵的调节对象是船,被调量是航向,自动舵系统包含了随动舵系统(即图 11 -2 中的环节)。自动舵是由电罗经传感元器件来代替人工发出操舵信号,使船回到给定航向。图中的控制器是自动舵的主要部件。给定航行与反馈信号之差就是航向偏差信号,此信号经自动舵中 PID 调节器及放大器至舵机电力系统,其中,ZC、FC 是电动舵使电动机正反转的控制环节(或电液舵左右舵电磁阀环节)。自动操舵系统必须具备舵角反馈和航向反馈,两者缺一不可。如果没有舵角反馈,它是一个结构不稳定的系统;如果没有航向反馈,它就不能自动地保持在给定的舵向上。

2. 自动舵的分类

自动舵的种类很多,一般可按调节规律、检测元件的类型及放大器的种类来分。表 11 -1 是自动舵按照调节规律分类的情况。

表 11 -1　自动舵按调节规律分类情况

种类	操舵规律	特点
比例舵	$\delta = -K_1\Psi$	偏舵角与偏航角成比例,结构简单,精度较差
比例 - 微分舵	$\delta = -\left(K_1\Psi + K_2\dfrac{\mathrm{d}\Psi}{\mathrm{d}t}\right)$	加快给舵速度,更好克服船舶回转
比例 - 微分舵 - 积分舵	$\delta = -\left(K_1\Psi + K_2\dfrac{\mathrm{d}\Psi}{\mathrm{d}t} + K_3\int\mathrm{d}t\right)$	可消除船舶不对称偏航,结构复杂,不易调整

注:δ—偏舵角;Ψ—偏航角;K_1—比例系数;K_2—微分系数;K_3—积分系数。

上述的是常用分类方法,除此之外,还有完成特殊使命的自动舵,如利用测深仪进行操纵,使船舶按等深线航行的自动舵(渔船用);使船舶按一定的下潜深度航行的自动舵(潜艇用)。

3. 自动舵的基本要求

(1)自动操舵性能良好。

①具有一定的灵敏度:当船舶偏离航向达一定角度(一般规定 0.2°~0.5°)时,自动舵应能立即动作,并能以一定的舵角(即一次偏舵角),使船舶返回到给定航向上。

②能够产生二次偏舵角:当一次偏舵不足以使船舶返回正航向时,自动舵应能再次偏舵,一直促使船舶回到给定航向为止。

③能产生稳舵角(亦反舵角):船舶在舵的作用下返回给定航向时,由于船舶的惯性可能向另一方向偏航,为了使船舶恰好回到给定航向而不超过,此时舵必须向另一舷转过一个小角度以抵抗船舶的惯性。

④能产生压舵角:由于船舶在航行中受到不对称的外界干扰(一舷的风浪、螺旋桨不对称、装载量不对称等)会产生一舷的持续力矩,船将产生不对称偏航。为此,必须使舵偏离艏艉线一个舵角来抵消一舷的持续力矩。

⑤能方便地改变航向:在自动操舵时,既能维持在给定的航向上,又能按需要使船在新的航向上航行。

(2)具有必要的调节装置。

①灵敏度调节:灵敏度是指系统开始投入工作时的最小偏航角,它是根据天气、海况进行调节的,风平浪静时调高些,大风大浪时调低些。

②舵角比例调节:偏舵角与偏航角比例关系为舵角比例。当舵角比例过小,就不能产生足够的转船力矩,回转性能不好;如果舵角比例过大,使船可能回转过头,稳定性能不好。因此,要根据船型、装载、航速等情况调节舵角比例,特别要注意,在大风大浪中航行时舵角比例不宜过大。

③反舵角调节:船舶在偏离正航向时,自动舵能使船舶恢复到原来的正航向上。在恢复过程中,做S形衰减振荡航行,为了使船尽快地恢复到正航向,必须具有微分环节,以得到需要的反舵角。其大小根据船型、装载及天气情况调节。

④压舵调节(也称偏航调节):为了消除持续干扰力矩而给出一个舵角,此舵角可由人工给定或加积分环节产生。

⑤航向调节:即小角度改变航向调节,目前已可做到随意改变航向。

3.要设有随动和手动操舵设备。

在船舶进出港或遇到紧急情况以及自动舵失灵时能立即转换为随动操舵或手动操舵。

【课后练习】

任务实施	任务评价(满分10分)			得分
1.能够正确地进行手动操舵,注意观察罗经上航向指示及舵角指示器,再根据操舵要求扳动操舵手柄,发出操舵信号。	正确,合理,语言表达清晰、流畅(8~10分)	大致正确,语言表达清晰、流畅(6~8分)	不能清晰、流畅解释该图含义(0~5分)	
2.根据自动操舵系统方框图,简单说明基本原理。	正确,合理,语言表达清晰、流畅(8~10分)	大致正确,语言表达清晰、流畅(6~8分)	不能清晰、流畅解释该图含义(0~5分)	

任务11.2　安休斯自动操舵仪线路分析

【任务导入】

安休斯(ANSCHUTZ)自动舵属于"比例－微分－积分"控制系统。它有自动、随动两种操舵方式,无应急(手动)操舵方式。为了保证操舵系统的可靠性,自动、随动操舵系统相互独立,各自有独立的控制装置和通道,由操舵方式选择开关予以转换,当一套系统工作时,通过连锁装置保证另一套系统不工作。

【任务分析】

为了在船上能够正确使用安休斯自动舵,当其控制系统出现故障时,能及时确定故障发生的原因及故障发生的位置,因此要求管理人员能看懂安休斯自动舵控制电路图,分析锚机控制电路图的工作原理。

【任务实施】

安休斯自动舵的参数调节范围宽阔,可以和各种类型舵机配套,能应用在各种吨位的船舶上。其主要性能为:

最大转舵角:±35°;

转舵速度:从一侧满舵转到另一侧满舵不超过15 s;

航向选择:在360°范围内任意选择航向,一次改变航向小于8°。

11.2.1　自动操舵系统的工作原理

自动操舵系统的原理框图如图11－4所示。安修斯自动舵控制线路图如图11－5至图11－7所示。

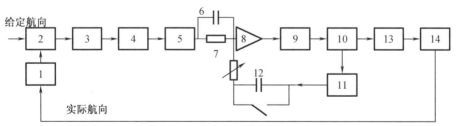

注:1—航向接收机J_1;2—自动发送器J_2;3—相敏整流器;4—低频滤波器;5—灵敏度调节;6—微分舵环节;7—比例舵环节;8—运算放大器;9—功率放大器;10—执行装置;11—舵角反馈发送器;12—积分舵环节;13—舵叶;14—船。

图11－4　自动操舵系统的原理框图

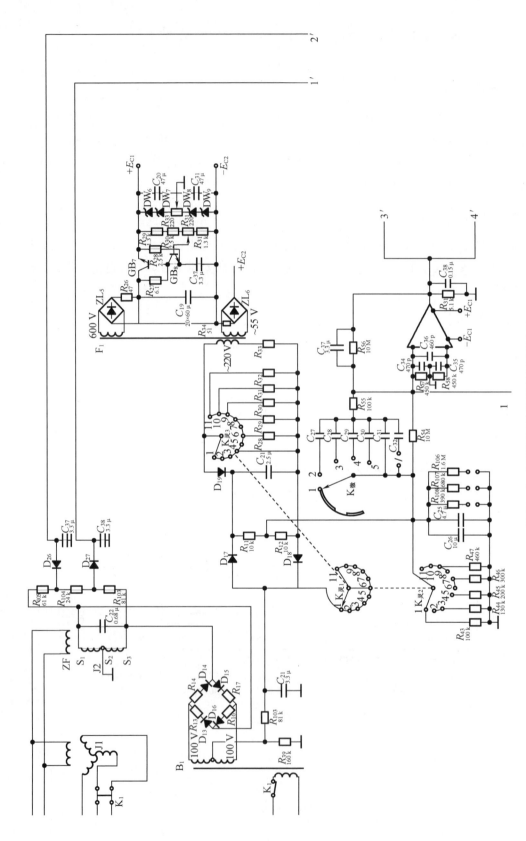

图 11 - 5　安修斯自动舵控制线路图（A）

注：为版面清晰，本书中电路图中的电阻单位 Ω、电容单位 F 均未标出。

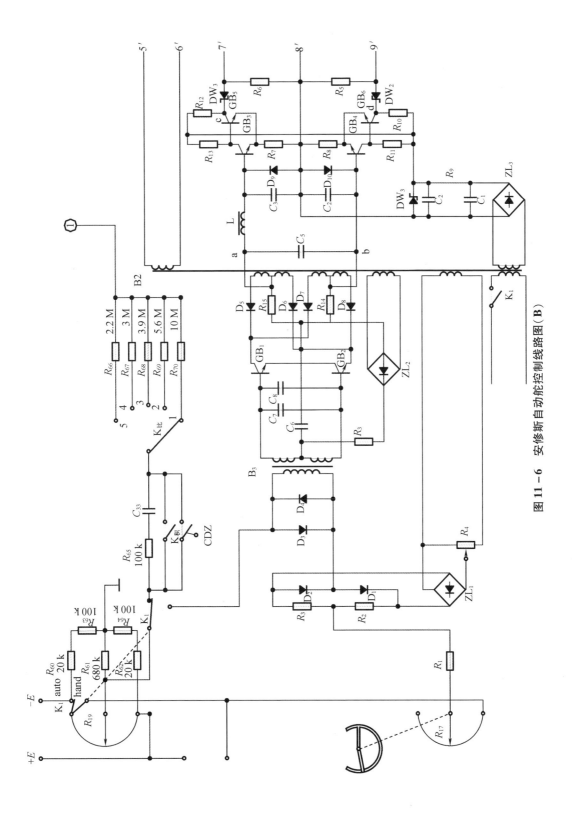

图 11-6 安修斯自动舵控制线路图（B）

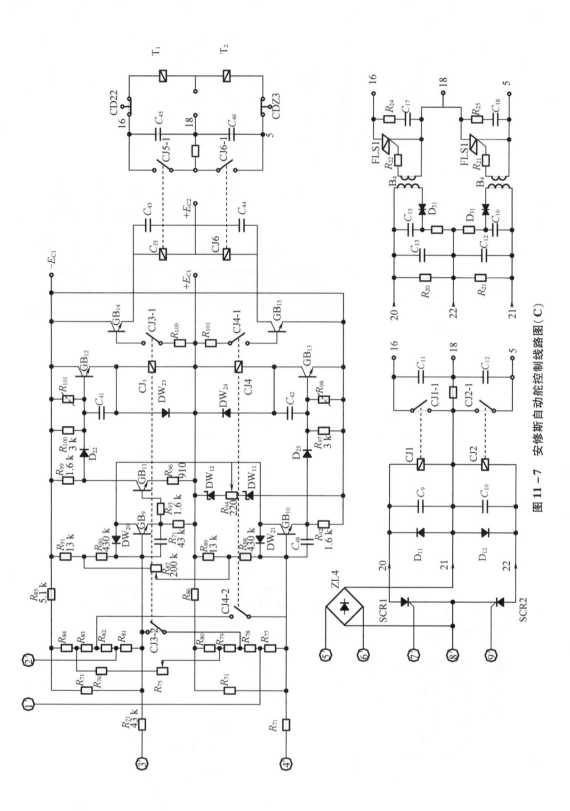

图 11-7 安修斯自动舵控制线路图（C）

将操纵方式选择开关 K_1 转到"自动"(auto)位置,航向接收机 J_1 与电罗经接通。当船舶偏离给定航向时,如向右偏航 Ψ 角,电罗经通过同步传送,使航向接收机 J_1 转动,带动航向刻度盘指示出偏航角 Ψ,同时通过差动齿轮带动信号发送机 J_2 转动。J_2 是一个线性旋转变压器,其线性精度较高,能够符合舵角反馈电位器的精度要求(电位器线性精度为 1%)。所以由 J_2 产生一个与偏航角 Ψ 成正比的交流电压 V_Φ(偏航信号),经相敏整流,输出直流信号,经滤波电路将交流成分滤掉,然后再经过灵敏度调节电路送入运算放大器进行比例、微分综合运算。综合后的信号送到功率放大器,推动控制继电器 CJ_5(或 CJ_6)动作,接通电磁阀线圈 T_1(或 T_2),打开电磁阀使舵机工作,舵叶向左偏转一个 δ 角。偏舵时,通过机械传动装置带动舵角反馈电位器 R_{19} 的滑动键偏转,舵角反馈电桥电路失去平衡并送出直流反馈信号,经过微分电路(其作用是给出积分舵信号)后,送入运算放大器并与偏航信号综合运算。

当舵角反馈信号与偏航信号平衡时,放大器输出为零,继电器释放,电磁阀关闭,舵机停止工作。在左偏舵角的作用下,使船舶向原航向返回。这时 J_1 反转,并带动 J_2 反转,航向偏差信号 V_Φ 减小,且小于舵角反馈信号,运算放大器输入端的极性改变,则输出端输出一个极性相反的操舵信号,使继电器 CJ_6(或 CJ_5)动作,接通另一个电磁阀线圈 T_2(或 T_1),舵开始回转。当船舶回到给定航向时,舵叶也回到艏艉线上。其原理和其他类型自动舵基本相同,具体环节和特点,简述如下:

1. 相敏整流电路

由二极管 $D_{13} \sim D_{16}$,电阻 $R_{13} \sim R_{16}$,负载电阻 R_{39},变压器 B_1 的次级绕组组成,其输入交流信号电压来自线性旋转变压器 J_2。由 R_{39} 输出的电压是脉动的直流电压,其大小和极性决定于输入交流偏航信号电压的大小和相位。

舵角反馈信号是由电位器 R_{19} 和电阻组成的电桥电路输出,其电源是直流电 $+E_{C1}$、$-E_{C1}$(放大反馈式串联稳压电源),因此反馈信号是没有脉动成分的直流电压信号。为了综合航向信号与舵角反馈信号,保证调节航向精度,采用由电阻 R_{60}、R_{61}、R_{62},电容 C_{21}、C_{22}、C_{25}、C_{26} 组成的低频滤波电路,对航向信号进行滤波。

2. 灵敏度调节电路

由电阻 $R_{11} \sim R_{47}$、整流和隔离二极管 D_{19}、滤波电容 C_{24}、隔离二极管 D_{17}、D_{18}、变压器 B_1 的次级绕组、三层同轴波段开关 $K_灵$ 等组成。通过电阻 R_{40}、R_{41}(或 R_{42})与 $R_{43} \sim R_{47}$ 串联,利用 $K_{灵1}$、$K_{灵2}$ 实现串联电阻分压调节。由二极管 D_{19}、电容 C_{21}、电阻 $R_{28} \sim R_{33}$ 等组成一个闭锁环节,通过 $K_{灵3}$ 调节 5~11 挡,在 R_{11}、R_{12} 上的闭锁电压大小,使电路形成一定死区。当航向偏差信号克服闭锁电压后,信号才能送到运算放大器进行综合运算。$K_灵$ 调节时,1~5 挡只有电阻串联分压,5~11 挡又增加了闭锁电压,$R_{28} \sim R_{32}$ 阻值逐渐增大,使闭锁电压逐渐增加,所以向高挡调节时,系统灵敏度逐挡降低。$K_灵$ 有 11 挡,使系统灵敏度调节范围很宽。另外还设有 $R_{106} \sim R_{108}$ 可供实船调试使用。

3. 舵角反馈信号及比例 – 微分 – 积分舵(PID)调节电路

舵角反馈信号由舵角反馈电桥电路产生。直流电桥的两臂由电位器 R_{19} 通过滑键分开,另外两臂分别由电阻 R_{60}、R_{63} 和 R_{62}、R_{64} 组成。滑键处于中心位置时(舵在艏艉线上),电桥平衡,输出电压为零。当舵偏转时,滑键偏离中心位置,电桥失去平衡,电阻 R_{61} 上产生电压,输出电压信号。舵角越大,滑键偏离中心位置越远,输出电压信号越大;舵偏转方向不同时,改变滑键偏离中心位置的方向,使输出电压信号极性相反。

在舵角反馈电路中,通过选择开关 $K_比$,调节电阻 $R_{66} \sim R_{70}$,可改变比例舵的比例系数,在航向信号电路中,通过选择开关 $K_微$,调节微分电路的电容 $C_{27} \sim C_{31}$,可改变微分舵的微分系数。这时偏航信号与舵角反馈信号输入到运算放大器进行综合运算,并获得比例舵与微分舵。

在舵角反馈电路中的电容 C_{33}、电阻 R_{65}、R_{70}、R_{57} 等组成微分电路,形成对偏航信号的积分计算,而取得积分舵角。当船舶单侧偏航或不对称偏航时,引起不对称偏舵,因此在电容 C_{33} 上将累积起电压。不对称偏航越大,偏航时间越长,C_{33} 上累积电压越高,使舵角反馈信号减小,因此偏舵角加大,这就是偏航积分舵环节自动压舵的基本原理。

当船舶偏航角或修正航向角过大时,为避免积分环节工作,设有触点 CDZ 自动短接积分舵电路。此外还设置开关 $K_积$,$K_积$ 打开时自动舵按 PID 规律调节,$K_积$ 闭合时积分舵电路短接,自动操舵按 PD 规律调节。

4. 功率放大器

由晶体管 $BG_9 \sim BG_{18}$ 等组成具有开关特性的功率放大电路,电路中各晶体管都处于开关特性状态,输入级由 BG_9 和 BG_{10} 组成。若运算放大器输出信号为上" + ",则 BG_9 导通,引起 BG_{11}、BG_{12} 导通,继电器 CJ_3 吸合,BG_{14} 导通,继电器 CJ_5 吸合,电磁阀 T_1 通电打开,使舵机向左(或向右)偏舵。若运算放大器输出信号为上" – ",则 BG_{10} 导通,导致 BG_{13} 导通,继电器 CJ_4 吸合,BG_{15} 导通,断电器 CJ_6 吸合,电磁阀 T_2 通电打开,使舵机向右(或向左)偏舵。为了使左、右偏舵和回零等对称性好,可以调节偏置电路电位器 R_{75}、R_{87} 或调节接地电位器 R_{94}。为了保证导通管能可靠导通、截止管可靠的截止,提高开关电路工作的可靠性,在 BG_9、BG_{10} 的偏置电路中还设置了继电器触头 CJ_{3-2}、CJ_{4-2},用以调整 BG_9、BG_{10} 的偏压。另外为了保护 BG_9、BG_{10} 不至于过载、击穿,从自动信号发送器 J_2 的输出电压中,经过 D_{26}、D_{27},整流后引入反偏置。当偏航过大,运算电路来的偏航信号太大时,引入的偏航信号为负偏置,对运算放大器输出的偏舵信号予以抵消,从而保护 BG_9、BG_{10} 管。

电磁阀电路采用直流电源时,在 CJ_5、CJ_6 触头电路中设有灭弧装置,由电容 C_{45}、C_{46} 和电阻 R_{102} 组成。电阻值应选择适当,调整要求是使触点接通和断开时的火花大小差不多,且基本看不到为止。

11.2.2　舵机常见故障与处理

舵机控制系统结构复杂,组成元件众多且分布面广,并且越来越多地使用计算机进行控制。当控制系统出现较复杂的故障时,应根据故障的现象,参考设备的技术资料,采用故障树分析的方法查找故障的原因。下面简要介绍常见基本故障的处理。

1. 通信故障

通信故障主要包括驾驶台发出的舵令信号不能输出至舵机,即舵机接收不到舵令,有时甚至出现驾驶台和舵机间无法正常进行通信联系的情况。这在船舶航行时对船舶是一种致命的威胁,极可能导致触礁、搁浅碰撞等事故发生。在应急情况下,可以用电话,甚至无线对讲机通话传递舵令,由操舵人员在舵机房直接操应急舵。

2. 遥控故障

(1)遥控系统响应比较慢,不能及时达到既定舵角。造成此故障的原因可能是液压系统中混入了空气阀件弹簧的张力过小,不能及时复位换向阀的回油口部分堵塞或开度过小等。

(2)舵不准。这个是因为舵角反馈系统调整不当等原因,使得测得信号出现了偏差;还有一个原因就是像川崎 RV 舵机,两泵共用了一套浮动杆,当两泵变量机构中位调整不同步,两泵并联同时操舵时,舵会停在对应各泵中位的两不同舵角之间,这时两泵会产生方向不同的小流量,在两泵之间循环。

3.预防措施

(1)认真做好船舶开航备车前的对舵工作,检查舵机控制及舵角指示器的工作情况,发现问题及时处理。注意舵机设备的日常巡检和维护保养。

(2)定期进行舵机控制系统的保护及报警测试,包括拖动电动机控制线路的保护及报警测试。

(3)注意对整个遥控系统的检查维护,同时注意对相关组件在适当的时候进行拆检并清洗。如三位四通电液换向阀长期使用后会出现阀芯磨损的现象,从而造成控制失灵。

(4)充油后或者重新安装系统组件后,要注意排放系统中的空气。对系统中各阀件的调试安装定要按着说明书的说明并结合实际情况来进行安装使用。

【课后练习】

任务实施	任务评价(满分10分)			得分
根据图 11－4 自动操舵系统的原理框图和 11－5 至图 11－7 安修斯自动舵控制线路图,说明自动舵的工作原理。	正确,合理,语言表达清晰、流畅,正确使用万用表,操作熟练,步骤准确(8~10分)	大致正确,语言表达清晰、流畅,正确使用万用表,操作比较熟练,步骤比较准确(6~8分)	不能清晰、流畅解释该故障出现的位置,正确使用万用表,操作不熟练,步骤不准确(0~5分)	

任务 11.3　自适应操舵装置日常使用与维护

【任务导入】

船舶自动操舵装置(简称自动舵)是船上进行船舶操纵的重要设备,它能使船舶自动保持于设定航向。目前它已从电子式常规自动舵发展到新一代的用微型计算机的具有自适应控制功能的自适应自动舵。

【任务分析】

虽然自适应操舵装置先进和智能,但是它日常使用与维护还需船上相关人员多注意。

【任务实施】

11.3.1　自适应自动操舵装置的产生

每艘船都有其自己固有的运动特性,其动态特性就是通常所称的船舶数学模型。船舶数学模型随船速、装载吃水和海况等因素的变化而变化。常规自动舵不可能在不断变化着的运行环境下实时精确地辨识船舶数学模型的参数,也不可能随着模型参数的变化自动调节其参数。而经常会偏离其最佳工作状态,这样就会造成动舵次数多,转舵角的偏航角大的后果。一般动舵次数越多,转舵角度越大,船舶在转舵时所受到的海水阻力也越大。阻力增大会加重船舶主机的负荷,导致主机转速下降,其调速器必须增加燃油供给来防止转速下降,使燃油消耗增大。此外阻力和偏航角的增大会降低船速,从而降低了船舶运营的生产率和经济效益。

动舵次数多的另一恶果是会产生无效舵。当操舵频率超过船舶开始转向的极限操舵频率时,无论转多大舵角,船都不会转向,转舵成为无效舵,从节能的观点是不希望这样的。为提高船舶的操纵性能避免无效舵的发生,对常规自动舵历来是靠驾驶员的经验用手动方式调节 PID 旋钮。但如果 PID 旋钮调节不当不仅会增加主机的燃料消耗和降低船速,而且在遇到大风浪时会造成大角度的左右偏舵和大角度的左右偏航,这在大风浪中航行是危险的。显然上述缺点很难满足 1975 年国际海事组织(IMO)通过关于自动舵执行标准的建议案 A342 条的规定:

(1)在有关船舶机动性内自动舵应使舵机以最小的动作来保持航向;

(2)自动舵能适应船舶各种气候和负载情况下不同的操纵性和确保在各种条件下的可靠操纵。

自适应自动舵根据可测量到的船舶现时状态的信息(如转舵角、船首向、偏航角和船速等)不断地实时辨识船舶模型和扰动模型的参数,或有效地滤除噪声,实施有效的控制使船舶能按设定的性能指标尽可能达到和接近最优控制。这样必然可以避免无效舵,在大风浪中航行时能自动限制转舵角实现节能和安全航行的目的。

自适应自动舵从 60 年代开始研制,目前已有几类产品投放市场。如原联邦德国 Anschutz 公司的 NAUTOPILOT 型和 CPLATH 公司的 NAVIPILOTAD 型,日本 YEW 公司的 PT - 21 型,东京计器公司的 PR - 7000 型,三菱重工的 TONAC 型,英国 Recal - Decca 的 780 型,瑞典的 KADPIL 型和荷兰 Amerongen 教授设计的产品等。我国对自适应操舵装置的研制虽起步较晚,但近年来无论在理论研究和产品研制方面都取得了一定的进展。

11.3.2　自适应自动操舵装置的表述

用微机控制具有自适应控制功能的自动舵称为适应自动操舵装置。当船舶航行的条件为不确定或变化时(如风、浪、流外部干扰和船速、载重、吃水及转舵角的随机变化),船舶航向控制系统中的被控对象(船)和对船的扰动(风、浪、流等)的数学模型的参数(或状态)是随机变化的。

自适应自动舵通过测量船舶现时状态的连续信息(舵角、船首向、船速等)不断实时辨识船舶和扰动模型的参数,或根据当前系统性能与期望的性能进行比较,做出使系统趋于最优的决策,并修正自动舵控制器的参数,对舵机实施有效的控制(这就是常说的自适应算法),使得期望的性能指标尽可能接近和保持最优。因此自适应自动舵涉及船舶和扰动的数学模型、模型的参数辨识、性能指标和自适应算法等一系列问题。

11.3.3　舵机设备的日常检查和维护保养

1. 对舵时的注意事项

在对舵时,应注意以下各项:

（1）检查操舵台上的控制开关、按钮、指示灯及失压、过载报警、声光信号等装置，是否完整有效。

（2）观察两航供电转换使用情况，并用应急电源在驾驶台和舵机室分别操试。

（3）观察两套机组的转换运行是否可靠。

（4）试用各种操舵方式在各操作台进行操试。检查应急舵操纵是否有效，并注意操舵器的机械运动部件是否灵活可靠。

（5）观察控制系统工作是否正常。

（6）检查操舵器、舵角指示器与舵叶实际位置的偏差。正舵位置时，偏差为0°。在大舵角下，偏差不大于2°。

（7）自动舵及电动舵机系统不应有跑舵、冲舵、不回舵及振荡等现象。

（8）复查舵从一舷35°转至另一舷30°所需时间是否符合规定，同时检查舵叶偏转快慢是否均匀，转舵时有无异常现象。

2.航行期间的巡查内容

船舶航行期间，舵机持续工作，期间的巡视检查应包括下列内容：

（1）查看机组的运行情况，电动机运转的声音、温升及换向器火花等应在允许限度内；

（2）检查制动器、电破离合器电磁阀、限位开关等动作是否可靠；

（3）观察各仪表读数、机组运行指示舵位指示等装置的工作是否正常；

（4）有两套舵机拖动控制系统的船舶，应定期更换使用。

3.日常维护的注意事项

电动液压舵机日常维护应注意以下各点：

（1）对油泵电动机及控制箱的维护与一般电动机相同；

（2）两台机组和控制箱应轮流使用，其各运行时间应基本相同；

（3）经常检查各连接件有无松动或脱落等现象；

（4）备用的印刷电路板应经常互换使用，以保证其工作性能不变。

舵机系统出现的故障，根据其形成原因以及预防措施的分析，可以看出保证舵机正常运行的主要因素还是人为因素，一定要加强管理和工作时的巡查，从而避免此不必要的故障出现。

【项目小结】

本项目通过重点学习认识和操作船舶操舵系统、安休斯自动操舵仪线路分析、自适应操舵装置日常使用与维护三个任务，了解和掌握了船舶舵机系统的结构与作用、三种舵机控制形式的工作原理以及自适应操舵装置的工作原理和船舶舵机系统的控制线路图。通过三个任务的学习，还应该具备能够正常操作船舶舵机系统，能正确分析判断安修斯自动舵控制线路故障及恢复运行，会识读船舶电气系统图、原理图、接线图，能够对舵机设备进行日常检查和保养这三项岗位技能。

项目 12 锅炉控制系统分析及故障处理

知识目标

- 船舶辅助锅炉系统控制基本理论知识；
- 船舶辅助锅炉系统的组成、结构、分类；
- 船舶辅助锅炉的电气系统图、原理图、接线图及规范。

能力目标

- 能安装与调试船舶辅助锅炉系统的控制线路；
- 对照船舶辅助锅炉系统电气原理图排除电路常见故障；
- 能撰写船舶辅助锅炉电气控制系统检修维护报告书。

任务 12.1 辅助锅炉水位的自动控制

【任务导入】

锅炉是船舶动力装置中最早实现自动控制的设备之一，它包括水位的自动控制、燃烧（即蒸汽压力）的自动控制、锅炉点火及燃烧时序控制和自动安全保护等。

【任务分析】

在蒸汽动力装置中，船用锅炉称为主锅炉，它所产生的蒸汽用于驱动船舶主机，如蒸汽轮机等。它的蒸发量较大，蒸汽压力较高，对水位和蒸汽压力的变化要求比较严格，水位和蒸汽压力不允许有较大的波动，一般采用带有积分作用调节器所组成的定值控制系统。在内燃动力装置中所使用的锅炉称为辅锅炉。其中油轮辅锅炉所产生的蒸汽要加热货油，驱动甲板机械，其蒸发量和蒸汽压力都比较大。它的工作特点接近于主锅护。货轮辅锅炉所产生的蒸汽仅用于加热柴油机所用的燃油、滑油及供船员生活的需要。它的蒸发量小（一般小于 5 t/h），蒸汽压力低（一般低于 1.0 MPa），对水位和蒸汽压力波动要求不严格，一般采用双位控制。

【任务实施】

12.1.1 双位式水位自动控制

保持锅炉的正常水位，主要是控制给水量，使进入锅炉的给水量等于锅炉的蒸发量，以适应锅炉负荷的变化。在蒸发量较小、蒸汽压力较低的辅锅炉中，大多采用双位水位自动控制系统。所谓双位水位控制是指锅炉的水位允许在上、下限之间波动。当水位降到下限水位时，自动启动给水泵向锅炉供水，锅炉水位逐渐升高；当水位达到上限水位时，自动停止给水泵的工作,停止锅炉供水。因此,锅炉在工作时,水位不会稳定在某一水位上。这种双位控制的水位检测元件常用浮子式和电极式。图 12-1 示出电极式双位水位自动控制系统的原理图。

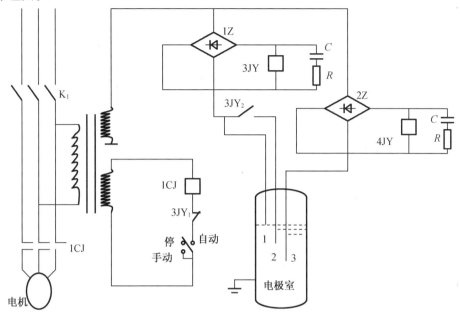

图 12-1 电极式双位水位自动控制系统原理图

电极室水位反映了锅炉实际水位。由于炉水中有一定的盐分,所以它是导电的。电极室中的电极 1,2 分别控制允许的上、下限水位,电极 3 用于危险低水位报警。1Z 和 2Z 是二极管桥式整流电路。当水位下降到允许的下限水位以下时,电极 1,2 均露出水面。1,2 断路,继电器 3JY 断电,常闭触头 3JY 闭合、接触器 1CJ 通电动作,其触头 1CJ~1CJ_3 闭合,启动电机并带动给水泵向锅炉供水,水位会不断升高。由于继电器 3JY 的常开触头 3JY_2 已经断开,所以当水位超过电极 2 时,1Z 仍然断路,水泵继续向锅炉供水。当水位升高到上限水位时,电极 1 接触水面使二极管桥式整流电路 1Z 构成交流电通路,继电器 3JY 通电,常闭触头 3JY 断开,接触器 1CJ 断电,停止向锅炉供水,水位会逐渐下降。由于继电器 3JY 的常开触头 3JY_2 已闭合,因此继电器 3JY 不会因电极 1 露出水面而断电,即不会马上启动给水泵向锅炉供水。

只有水位降到电极 2 露出水面时,继电器 3JY 断电,水泵才开始向锅炉供水。显然,调整电极 1,2 的位置可调整锅炉的允许上、下限水位。一般说来,在允许波动的范围内,电极 1 和 2 之间的距离不要调整得太小,否则给水泵电机启停频繁,影响使用寿命。如果给水系统发生故障,水位会一直降低,当水位下降到电极 3 露出水面时,2Z 断路,继电器 4JY 断电,发出声光报警。

一般辅锅炉都装有两个电极室,一个工作,另一个备用(参照说明书转换电极室)。电极室由于长期使用,其中水的纯度会提高,电极及电极室壳体会结水垢,使电极室的导电性能降低。因此,电极室要定期放水和清洗。清洗前转用备用电极室,然后关掉电极室与锅炉汽和水空间相通的截止阀,再打开电极室底部的放水阀放掉电极室中的水。这时可拔出电极,打开电极室的上盖,清洗电极室壳体上的水垢并检查电极与壳体间的绝缘是否良好。

如果绝缘不好,要更换绝缘材料。电极室装复后,打开与锅炉汽和水空间相同的截止阀,使电极室的水位与锅炉的实际水位一致。

【课后练习】

任务实施	任务评价(满分10分)			得分
根据图12-1,说明电极式双位水位自动控制系统工作原理。	正确,合理,语言表达清晰、流畅(8~10分)	大致正确,语言表达清晰、流畅(6~8分)	不能清晰、流畅解释(0~5分)	

任务 12.2　辅助锅炉蒸汽压力的自动控制

【任务导入】

在燃烧自动控制系统中,锅炉的蒸汽压力是被控量,它根据气压的高低自动改变进入炉膛的喷油量和送风量,维持锅炉气压恒定或在允许范围内波动。

【任务分析】

对货轮辅锅炉燃烧自动控制系统的要求是简单、可靠,但对锅炉运行的经济性要求不是很严格。因此,大多数这样的辅锅炉采用汽压的双位控制,少数采用比例控制,并保证锅炉在不同负荷下,其送风量能基本上适应喷油量的要求。但在油轮辅锅炉中,要求气压要稳定,同时对锅炉运行的经济性要求比较高,这样锅炉在不同负荷情况下,必须保证一个最佳的风油比。

【任务实施】

12.2.1　蒸汽压力的双位控制

在燃烧的双位控制系统中,锅炉的气压不能稳定在某一值上,而是在允许的范围内波动。其中最简单的控制方案是,在蒸汽管路上装有一个压力检测开关。当气压上升到允许的上限值时,压力检测开关断开,切除油泵和风机的工作,停止向护膛喷油和送风,即自动停炉;当气压下降到允许的下限值时,压力检测开关闭合,自动启动油泵和风机,即自动启动锅炉进行点火燃烧。这种控制方案虽然简单,但由于锅炉启停频繁,对锅炉运行不利,所以很少采用。在绝大多数燃烧双位控制中,在蒸汽管路上装两个压力检测开关,它们动作的整定值不同。当气压下降到允许的下限值时,两个压力检测开关都闭合,控制系统自动启动风门电机使风门开得很大,它的同轴所带动的回油阀关的最小(这是采用一个油头工作的情况,对采用两个油头工作的锅炉是打开两个供油电磁阀,使两油头同时喷油),这时喷油量和送风量都最大,即锅炉进行所谓"高火燃烧"。

当气压上升到正常上限值时,一个压力开关闭合,另一个压力开关断开,再次启动风门电机把风门关得最小,它同轴带动的回油阀开得最大(或关掉一个燃油电磁阀,只使一个油头喷油工作)。这时喷油量和送风量都是最小的,即锅炉进行所谓"低火燃烧"。当锅炉负荷很低时,在低火燃烧情况下,气压仍然不断增高,当气压上升到高压保护值时,两个压力开关均断开,自动停炉,发出报警信号。当汽压下降到下限值时,两个压力开关闭合,但必须按复位按钮才能启动锅炉,图12-2示出一种辅锅炉燃烧双位控制的工作原理图。

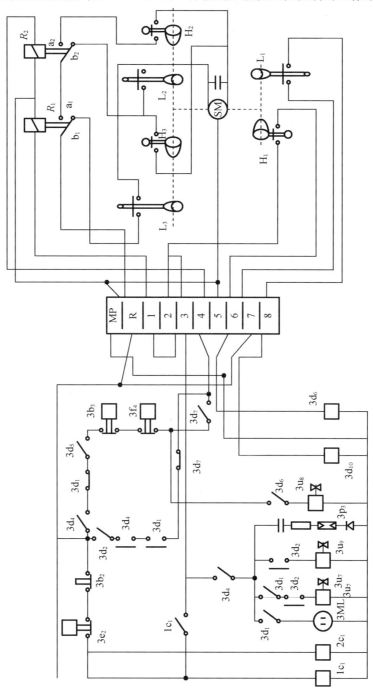

图 12-2　辅锅炉燃烧双位控制原理图

图中 S 是风门挡板电机,当 S 转到风门开度最小时,其限位开关 H_2、H_3 和 L_1 闭合,L_2、L_3 和 Hl 断开;当电机 S 转到风门开度最大时,其限位开关 H_2、H_3 和 L_1 断开,L_2、L_3 和 Hl 闭合。在高火燃烧时油头 $3U_9$ 和 $3U_8$ 同时工作。在低火燃烧时只有油头 $3U_9$ 工作。两个压力检测开关是 $3b_3$ 和 $3e_2$。$3b_3$ 压力开关对燃烧进行双位控制;气压达到允许的下限位时它闭合,达到正常的上限值时断开。$3e_2$ 是高压保护压力开关,气压在下限值闭合,达到允许高压时断开。因此 $3e_2$ 的断开压力要比 $3b_3$ 断开压力高。

按下锅炉启动按钮、触头 K 闭合(图中未画出),220 V 电源接通控制电路。因复位按钮是闭合的,锅炉处于低气压,则高压压力开关触头 $3e_2$ 闭合,风机接触器 $1c_1$ 和油泵接触器 $2c_1$ 通电启动风机、燃油泵。$1c_1$ 的常开触点闭合,接线端 3 接通电源。如果点火成功(点火时序控制电路图中未画出),时间继电器 $3d_1$ 断电,其常闭触点闭合;正常燃烧继电器 $3d_4$ 有电,其常开触点闭合;点火成功继电器 $3d_5$ 有电,其触头闭合;火焰监视继电器 $3d_7$ 有电,其常开触头闭合;双位控制压力开关 $3b_3$,因低气压其触点闭合;燃油压力正常,检测开关 $3f_4$ 的触头闭合,具备上述条件后,才被接线端 4 接通 220 V 电源。

由于在点火期间风门关得最小,所以限位开关 H_2、H_3 和 L_1 闭合,L_2、L_3 和 H_1 断开;这时继电器 R_1、R_2 均通电动作,其触头分别从 b_1 和 b_2 断开合于 a_1 和 a_2,电源经接线端触头 a_1 和 a_2、限位开关 H_2,由风门电机 S 下面接入并经接线端 MP 到电源另一端,启动风门电机朝开大风门方向转动。当风门开到最大位置时,限位开关 H_2、H_3 和 L_1 断开,L_2、L_3 和 H_1 闭合。H_2 断开,电机 S 断电停转,风门保持最大开度。H_1 闭合,电源经接线端 3、限位开关 H_1、接线端 3 使继电器 $3d_6$ 通电动作。其常开触头 $3d_6$ 闭合,燃油电磁阀 $3U_8$ 通电打开使第二个油头投入工作,锅炉进行高火燃烧,气压会较快地上升。当气压升高到正常上限时,压力检测开关 $3b_3$ 断开,接线端 4 与电源断开。

这时继电器 R_1 保持通电,而继电器 R_2 断电,其触头由 a_2 断开合于 b_2。于是电源经接线端 R、触头 a_1、b_2 限位开关 L_2,由电机 S 上面接入并经接线端 MP 到电源的另一端,再次启动风门电机 S 朝关小风门的方向转动。当风门开度达到最小位置时,限断开关 L_2、L_3 和 H_1 断开,电机 S 断电停转保持最小风门。H_1 断开使继电器 $3d_6$ 断电,关闭燃油电磁阀 $3U_8$,切除第二个油头的工作,只有一个油头 $3U_9$ 工作(若点火成功,时间继电器 $3d_1$ 断电,引火油头电磁阀 $3U_7$ 和点火变压器 3ML 均断电并已被切除工作),锅炉进行低火燃烧。这样就由压力检测开关 $3b_3$ 对锅炉燃烧进行双位控制。

当锅炉负荷很低,进行低火燃烧气压仍不断上升时,一旦气压达到允许的高压值,压力检测开关 $3e_2$ 断开,切断控制电路的电源,切除油泵和风机工作,即自动停炉并发出停炉的报警信号。当气压下降到允许的下限值时,压力检测开关 $3e_2$ 和 $3b_3$ 均闭合。这时必须按复位按钮方能自动启动锅炉。

【课后练习】

任务实施	任务评价(满分10分)			得分
根据图 12-2 说明辅锅炉燃烧双位控制工作原理。	正确,合理,语言表达清晰、流畅(8~10分)	大致正确,语言表达清晰、流畅(6~8分)	不能清晰、流畅解释(0~5分)	

任务 12.3　辅助锅炉燃烧的时序程序控制

【任务导入】

辅锅炉燃烧时序程序控制是指给锅炉一个启动信号后,能按时间顺序的先后自动进行预扫风、预点火、喷油点火,点火成功后对锅炉进行预热,接着转入正常燃烧的负荷控制阶段,同时对锅炉的运行进行一系列的安全保护。

【任务分析】

时序控制器是辅锅炉燃烧时序程序控制的核心部分。它根据启动信号发信器送来的电信号,自动接通和切断电路,或根据规定的时间来接通或断开电路,用以预扫风、预点火、点火及转入正常燃烧等一系列时序动作。

【任务实施】

12.3.1　燃烧时序程序控制的原理

辅锅炉燃烧时序控制框图如图 12 - 3 所示。按下锅炉启动按钮后,自动启动燃烧油泵和鼓风机,关闭燃油电磁阀使燃油在锅炉外面打循环,此时风门开得最大,以大风量进行预扫风,防止锅炉内残存的油气在点火时发生"冷爆"。预扫风的时间根据锅炉的结构形式不同而异,一般是 20 ~ 60 s。达到预扫风的时间自动关小风门,同时点火电极给出电火花进行预点火,时间为 3 s 左右。然后打开燃油电磁阀,或开大回油阀,或让一个油头喷油工作,即以小风量和少喷油进行点火。点火成功后维持一段时间低火燃烧即进入正常的负荷控制阶段。在预定的时间内若点火不成功,出现风机失压或中间熄火等现象,会自动停炉,待故障排除后按复位按钮方可重新启动锅炉。

12.3.2　燃烧时序程序控制的主要元件

为了实现辅锅炉燃烧时序控制,必须要有一些控制元件,其中包括信号发信器、时序控制元件及火焰感受器等。

1. 信号发信器

信号发信器是发出各种控制信号的元件,其中包括手动信号发信器和自动信号发信器。手动发信器信号如启动和停炉按钮,转换或选择开关等,它们的结构和工作原理简单,这里不予介绍。自动信号发信器如压力自动开关、温度自动开关等,它们的结构类型很多,下面介绍的 YT - 1226 型压力调节器实际上就是一个压力开关,其结构原理如图 12 - 4 所示。YT - 1226 型压力调节器是双位作用式的,在比较杠杆 9 上对支点 8 作用着三个力矩,并互相平衡,它们是由测量波纹管 11 产生的测量力矩、给定弹簧 16 产生的给定力矩及幅差弹簧 13 产生的幅差力矩。当输入压力信号 $p_入$ 达到压力下限值时,比较杠杆处于水平位置,这时动触头 2 离开静触头 1 而紧压在静触头 3 上。同时螺钉 15 离开幅差弹簧盘一段距离,幅差弹簧 13 对杠杆 9 不起作用。当 $p_入$ 增大时,杠杆 9 绕支点 8 逆时针转动,通过拨臂

7 使舌簧 5 下边框左移,跳簧 4 被压缩贮存弹性能。同时螺钉 15 与幅差弹簧盘接触,杠杆 9 再转动时不仅要克服给定力矩,还要克服幅差力矩。当杠杆 9 转过 α 角后,舌簧下边框正好与跳簧处在同一平面,跳簧 4 有了释放所贮存的弹性能的机会,迅速把舌簧弹开,使动触头离开触点 3 而与触点 1 闭合。当 $p_入$ 降低时,杠杆 9 绕支点 8 顺时针转动,只有杠杆转到水平位置,舌簧下边框又转过 α 角与跳簧处于同一平面,跳簧再次把舌簧弹开使动触点 2 离开触点 1,而与触点 3 闭合。$p_入$ 在上、下限值之间变化时,使跳簧保持原状态不变,也就是调节器的输出状态不变。

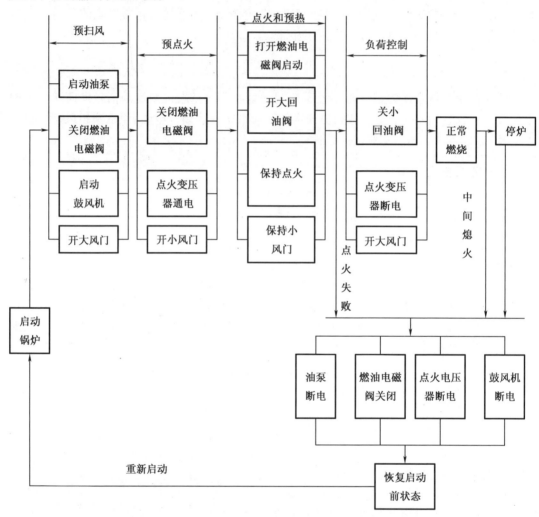

图 12 – 3　辅助锅炉燃烧时序控制框图

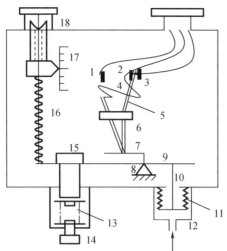

1，3—静触头；2—动触头；4—跳簧；5—舌簧片；6—跳簧支点；7—拨臂；8—支点；9—比较杠杆；
10—顶杆；11—波纹管；12—测量室；13—幅差弹簧；14—幅差调整螺钉；15—作用螺钉；
16—给定弹簧；17—给定值指示器；18—给定值调节螺钉。

图 12 – 4　YT – 1226 型压力调节器结构原理

调整给定弹簧的预紧力可调整触点动作的下限值 p_x，调整螺钉 14 能改变幅差弹簧预紧力，可调整触点动作压力的上限值 p_x。$\Delta p = p_z - p_x$ 称为幅差。输入信号的下限值 p_x 用给定指针在标尺 17 上指示出来，要确定上限值 p_z 只需求出幅差 Δp 即可。螺钉 14 有红色标记，在它旁边的圆柱面上有 $0 \sim 10$ 挡刻度。红色标记对准 0 挡，$\Delta p = 0.07$ MPa；红色标记对准 10 挡，$\Delta p = 0.25$ MPa。红色标记对准不同挡时其幅差的计算公式为

$$\Delta p = 0.07 + (0.25 - 0.07)x/10 \tag{12 - 1}$$

如压力下限值是 0.4 MPa，要求把上限值调到 0.6 MPa，问幅差调整螺钉要设在几挡上？

解：

$$\Delta p = 0.6 - 0.4 = 0.2 = 0.07 + (0.25 - 0.07)x/10$$
$$x = (0.2 - 0.07) \times 10/0.18 = 7.2(挡)$$

2. 时序控制元件

广泛采用的时序控制有两大类，即有触点和无触点时序控制器。有触点的时序控制器有多回路时间继电器和凸轮式时序控制器。图 12 – 5 示出多回路时间继电器结构原理图。它主要是利用标度盘上的爪形块来控制相应的微动开关，借以控制时序电路。当控制线圈 5 通电时，离合器啮合，同步电机带动标度盘 11 转动。标度盘上的爪形块将按预先规定的时间顺序使相应的微动开关闭合或断开，控制有关电路。而当标度盘转过 360° 时，最后一个标度盘的爪形块切断同步电机的电源，使其停转。按下停炉按钮或锅炉在运行时出现故障自动停炉时，控制线圈 5 断路，离合器脱开，在复位弹簧 13 作用下标度盘回零。松开锁紧螺母 14 可单独活动每个标度盘。调整相应的微动开关闭合或断开时间以满足时序动作的要求，调整好后再把螺母 14 锁紧。

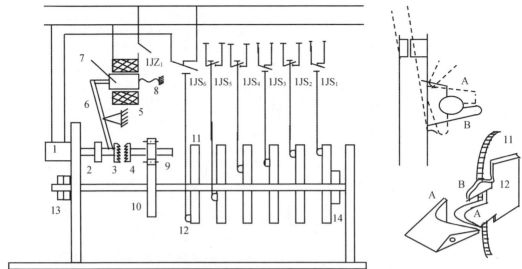

1—同步电机；2—传动轴；3，4—离合器；5—控制线圈；6—杠杆；7—铁芯；8—拉力弹簧；
9，10—减速齿轮；11—标度盘；12—爪形块；13—复位弹簧；14—锁紧螺母。

图 12 – 5　多回路时间继电器结构原理图

　　不同类型的辅锅炉燃烧时序程序控制系统的功能完善程度不同，多回路时间继电器标度盘的个数不同，转动一周所需要的时间不同。在本例中，标度盘有六个，分别控制六个微动开关，其转一周需 60 s。使用中应特别注意的是在微动开关动作时间调整好后一定要用锁紧螺母 14 锁紧。否则标度盘与轴相啮合的细齿会磨损，标度盘会产生相对位移，这样控制电路的时序动作就会紊乱。

　　凸轮式时序控制器的工作原理与多回路时间继电器类似。同步电机经减速装置带动一根凸轮轴转动，于是固定在凸轮轴上的若干凸轮片将依次使微动开关动作。改变凸轮片相对凸轮轴的位置可调整相应的微动开关的动作时间。

　　无触点式时序控制器是一种利用 RC 延时环节来实现的时序控制器，通常把 RC 的充放电回路加在晶体管的基极电路中，利用晶体管的开关特性，使继电器通电动作或断电释放，如图 12 – 6 所示。图 12 – 6(a) 为单管延时释放电路。开关 K 闭合时，电容 C 被旁路通，晶体管立即导通，继电器 J 通电动作。当 K 断开时，电源向电容充电，在一段时间内经晶体管基极的充电电流较大，晶体管导通，继电器 J 保持通电，随着电容的充电，电容两端电压不断升高，充电电流不断减小，晶体管集电极电流减小，经 7 s 的延时后继电器 J 释放。

　　图 12 – 6(b) 的是继电器延时通电电路。当开关 K 闭合时，电容 C 被旁通，晶体管立即截止，继电器立即断电释放。当 K 断开时，电源向电容充电，开始充电时充电电流较大，晶体管基极电流近似为零。以后随着电容 C 两端电压的升高，晶体管基极电流不断增大，经 2 s 延时后基极电流增加到使晶体管导通，继电器通电动作。

　　晶体管延时开关电路的延时时间取决于电路的时间常数 T 及继电器的动作电流。晶体管延时开关电路的延时时间可以从一秒到几十秒进行无级调整。

　　无触点时序控制器也有利用 PLC 或者微机进行控制，并且使用越来越广泛。详细情况见有关内容。

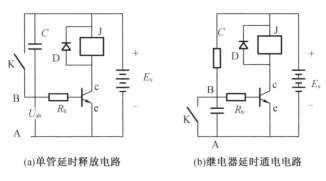

(a)单管延时释放电路　　(b)继电器延时通电电路

图 12 – 6　晶体管延时开关电路

3. 火焰感受器

火焰感受器用来监视炉膛内有无火焰。当点火失败或在持续燃烧期间熄火时,为避免再向炉内喷油引起事故,要求立即关闭燃油电磁阀停止供油,并发出声光报警。因此,自动化锅炉都装有火焰感受器来监视炉内的火焰。辅锅炉上常用的火焰感受器有光敏电阻、光电池和紫外线灯管等。

(1)光敏电阻:是由涂在透明底板上的光敏层,经金属电极引出线构成的,如图 12 – 7(a)所示。光敏层是由铊、隔、铅等硫化物或硒化物制成的。光敏电阻的主要特征是,它接受光照射时其电阻值很小,无光照射时其电阻值较大。因此,在光敏电阻两端所加电压不变的情况下,有光照射和无光照射时流过光敏电阻的电流相差很大,其伏安特性如图 12 – 7(b)所示。为了防止光敏电阻接受高温炉墙所辐射的可见光和红外线,使光敏电阻作用延迟或误动作,在安装时要避免高温炉墙的辐射线直接照在光敏电阻上。此外,光敏电阻不能承受高温,否则会影响使用寿命。因此,光敏电阻火焰感受器(图 12 –8)装有散热片并用空气进行冷却,磨砂玻璃可阻挡红外线的透入。

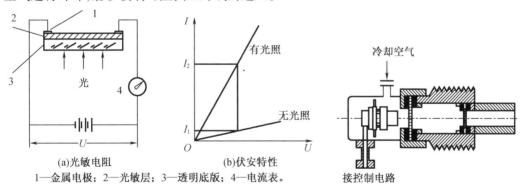

(a)光敏电阻　　　　(b)伏安特性
1—金属电极;2—光敏层;3—透明底版;4—电流表。

图 12 – 7　光敏电阻及其特性　　　　**图 12 – 8　光敏电阻火焰感受器**

(2)光电池:实际上是一种半导体材料,它是利用有光照射后在两电极间产生电压的原理工作的。图 12 – 9 示出了光电池控制电路原理图。其中图 12 – 9(a)采用 RAR 型硒光电池作为光敏元件,当它接受光照射时,正、负极之间将会产生小于 1 V 的电压,经磁放大器MV 放大之后,足以激励继电器 FR 动作。图 12 – 9(b)采用 2CR 型光电池,当它接受光照射时,光电池两极间将产生 0.5 V 的电压,经晶体管放大后足以使继电器 J 通电动作。

光电池使用寿命长,而且它的光谱敏感范围仅限于可见光而不包括红外线,这对监视炉膛内火焰是非常合适的,因此近年来使用越来越多。

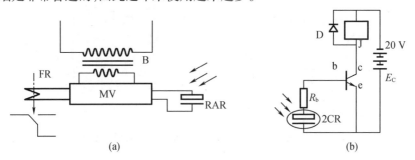

(a)　　　　　　　　　　　　(b)

图 12 – 9　光电池控制电路原理图

12.3.3　燃烧时序程序控制系统

船用辅锅炉尽管类型很多,但实现燃烧自动控制的基本原理和控制电路则大同小异。下面以国产辅锅炉燃烧自动控制系统为例介绍燃烧时序控制的基本原理。图 12 – 10 为该辅锅炉燃烧自动控制电路主电路原理图。

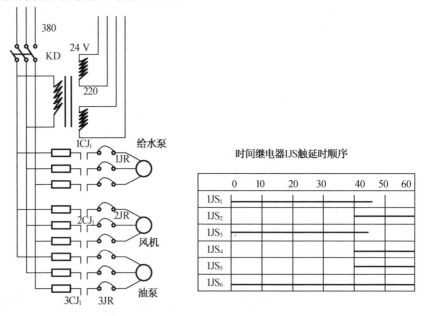

图 12 – 10　辅锅炉燃烧自动控制电路主电路原理图

由图可见,锅炉水位是采用电极式双位控制;锅炉气压在低负荷时采用双位控制,正常负荷采用压力比例调节器 – 电动比例操作器的比例控制;点火时序控制采用多回路时间继电器;火焰监视器采用光敏电阻作为光敏元件;有危险低水位、低风压、超压等安全保护装置;自动控制系统失灵时可转为手动操作。

图 12 – 11 为辅锅炉燃烧自动控制电路原理图,其中,主要元器件名称如下：KD – 总开关;LK – 燃烧旋钮;2K – 消音开关;1h – 给水泵转换旋钮;2h – 风机转换旋钮;3h – 油泵转换旋钮;AQ – 启动按钮;AB – 停炉按钮;AD – 手动点火按钮;Fb – 点火变压器;FY – 风压保护继电器;DF – 燃油电磁阀;DBC – 电动比例操作器;YBD – 压力比例调节器;R_g – 光敏电阻;

IJS－时序控制继电器;2JS－熄灯保护继电器;CJ－接触器;5XD、6XD－给水泵、风机、油泵运行指示灯;DL－蜂鸣器;ZX－二极管整流器;YD－超压保护继电器。

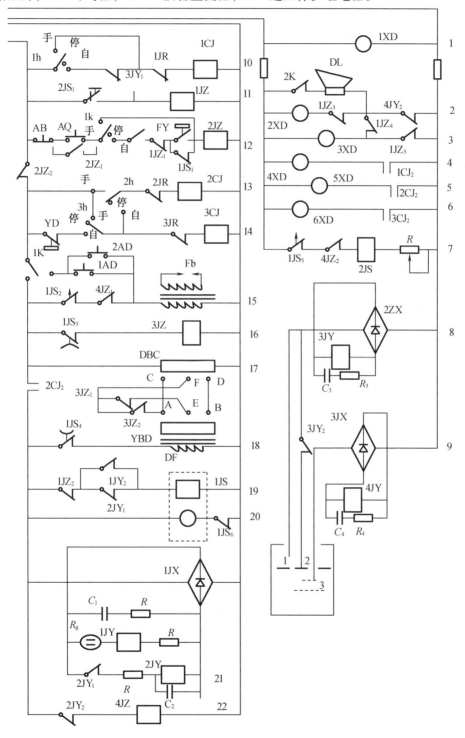

图12－11 辅锅炉燃烧自动控制电路原理图

锅炉的自动控制过程如下:

1. 启动前的准备

(1)合上总电源开关KD,电源指示灯1XD(1)亮,控制电路接通电源。

(2)若炉内水位低于危险低水位,中间继电器4JY(9)失电,常开触头4JY$_1$(12)断开,锅炉无法自动启动。此时应将给水泵旋钮1h(10)放在"手动"位置,接触器1CJ(10)通电,触点1CJ$_2$闭合,启动水泵向炉内供水,1CJ$_2$(4)闭合,水泵指示灯4XD(4)亮。当水位上升到正常水位后,将1h放在"停"位置,水泵停止工作,4XD熄灭。

(3)将燃烧控制旋钮1K(12)和风机旋钮2h(13)转到"手动"位置,然后按下启动按钮AQ(12),继电器2JZ(12)通电,触点2JZ$_1$(12)闭合自锁,2JZ$_2$(母线上)闭合,风机接触器2CJ(13)通电,触点2CJ$_1$闭合,风机启动。2CJ$_2$(5)闭合,运行灯5XD(5)亮。手动预扫风1 min后,按停止按钮AB(12),风机停止工作。

(4)将燃烧旋钮1K、给水泵旋钮1 h、风机旋钮2 h和油泵旋钮3 h都转到"自动"位置,启动准备工作就绪。

2. 点火的时序控制

按下启动按钮AQ(12),由于水位正常,4JY(9)有电,其常开触头4JY$_1$(12)闭合;1JZ(11)无电,其常闭触点1JZ$_1$(12)闭合;1JS$_1$(12)是多回路时间继电器1JS(19)的常闭触点也闭合。所以继电器2JZ(12)有电,触点2JZ$_1$(12)闭合自锁,触点2JZ$_2$(母线)闭合,使控制电路13~17回路接通电源。风机接触器2CJ(13)通电,风机开始运转。同时触点2CJ$_2$(母线)闭合,使18~22控制回路也接通电源,多回路时间继电器1JS(19)标度盘开始转动,发出时序控制信号;风机运转的同时,油泵接触器3CJ(14)通电,油泵投入运行,但此时燃油电磁阀DF(18)无电关闭,燃油从油泵排出后在管路中打循环,对炉膛进行预扫风。

由于1JS$_3$(16)是多回路时间继电器常闭触点,所以3JZ(16)有电,3JZ$_1$(17)断开,3JZ$_2$闭合。于是电动比例操作器DBC中电位器上的滑动触点F也向C跟踪,以维持电桥的平衡。在这个过程中逐渐关小风门,回油阀开大,为点火做好准备。由于在40 s之前尚未点火,所以光敏电阻感觉不到火焰的光照,中间继电器1JY(21)和2JY(21)均无电,其常闭触头2JY$_2$(22)闭合,故4JZ(22)有电,触点4JZ$_1$(15)和4JZ$_2$(7)闭合,为点火变压器Fb工作和熄火保护做好准备。预扫风40 s后,时间继电器1JS转动使触点1JS$_4$(18)闭合,燃油电磁阀DF(18)有电打开供油,因回油阀已开大,故只有少量燃油经喷油器喷入炉膛。与此同时,触点1JS$_2$(15)和1JS$_5$(7)闭合,1JS$_2$闭合点火变压器Fb通电,使点火电极之间产生电火花进行点火;1JS$_5$闭合,熄火保护延时继电器2JS(7)通电,7 s之后使触电2JS$_1$生电火花进行点火;1JS$_5$闭合,熄火保护延时继电器2JS(7)通电,7 s之后使触电2JS$_1$(11闭合)。

如果7 s之内点火成功,炉内有火焰,光敏电阻R_g(21)受到光照,电阻值减小,回路的电流增大,使继电器1JY(21)有电,触点1JY$_2$(19)闭合,维持时间继电器1JS继续转动;触点1JY$_1$(21)闭合,继电器2JY(21)通电,触点2JY$_1$(19)断开。因1JY$_2$已提前闭合,则1JS继续有电转动;触点2JY$_2$(22)断开,4JZ(22)断电,触点4JZ$_1$(15)断开,点火变压器Fb断电,停止点火;4JZ$_2$(7)断开,使熄火保护延时继电器2JS(7)断电,其触点2JS$_1$(11)因未达到闭合时间继续断开,维护继电器1JZ(11)仍为断电状态,1JZ$_2$(19)始终闭合,1JS标度盘继续转动。当1JS(19)转到47 s时,触点1JS$_1$(12)断开,风压保护继电器FY(12)投入工作。直到60 s时,触点1JS$_6$(20)断开,多回路时间继电器的同步电机断电,标度盘停止转动,正常点火时序控制结束。

如果点火时序控制从 40 s 开始点火,延时时间超过 7 s 后,光敏电阻 R_g 仍未感到炉膛火焰的照射,则中间继电器 1JY 和 2JY(21)一直断电,触头 2JY₂(22)一直闭合;继电器 4JZ(22)一直有电,其触头 4JZ₂(7)一直闭合;延时继电器 2JS(7)有电,其触头 2JS₁(11)7 s 后闭合;1JZ(11)有电,其触头 1JZ₁(12)断开;主继电器 2JZ(12)断电,其触头 2JZ₂(母线上)断开,将高压控制回路电源切断,使风机、油泵停转,电磁阀 DF 关闭,时间继电器 1JS(19)断电,标度盘自动回零。与此同时低压控制回路的 1JZ₃(2)断开,1JZ₄(3)和 1JZ₅(3)闭合,故障熄火指示灯 3XD 亮,蜂鸣器响,发出报警信号。

若再次启动,必须在检查排除故障后进行。在重新启动前,首先进行人工复位,即将延时继电器 2JS(7)手动复位,使其触头 2JS₁(11)重新断开,继电器 1JZ(11)断电,其触点 1JZ₁(12)恢复闭合,才能重新启动。

3. 气压的自动控制

在点火时序控制过程中,时间继电器 1JS 转到 45 s 后,触头 1JS₃(16)断开,继电器 3JZ(16)断电,触点 3JZ₁(17)闭合,3JZ₂(17)断开,使压力比例调节器 YBD 的滑动触点 E 和电动比例操作器 DBC 的滑动触点 F 投入工作。此时由于锅炉是低压启动,所以 YBD 滑动触点 E 移到低压端 B,电动比例操作器 DBC 的滑动点 F 也向低压端 D 跟踪,使风门开大,回油阀关小(喷油量增大),锅炉进入正常比例燃烧自动控制。当气压上升到控制气压的下限值时,气压再升高 YBD 滑动点 E 开始以 B 点向左移动,同时 DBC 的滑动点 F 也跟踪向左移动,相应地关小风门和减少喷油量,维持正常负荷的气压比例控制。当锅炉的负荷低于 30%,风油量已调到最低程度,气压达到控制气压的上限值时,比例控制失去作用,气压转入双位控制。即达到超压保护继电器 YD(14)的整定上限值 YD 断开,接触器 2CJ 和 3CJ 失电,风机和油泵停止工作,同时 2CJ₃(母线上)断开,燃油电磁阀 DF(18)关闭,时间继电器 1JS(19)断电回零。此时为正常熄炉,不发出报警信号。当锅炉的气压又降低到控制气压的下限值时,YD 又重新闭合,2CJ 和 3CJ 通电,风机和油泵重新启动。同时 2CJ 闭合,使 18~22 路有电,开始自动点火时序控制,使锅炉重新燃烧。因此,锅炉在低负荷运行时,气压的比例控制作用不大,燃烧接近双位控制。

4. 燃烧的安全保护

该系统的安全保护环节,有中途熄火自动点火一次保护、危险低水位自动熄炉保护及风压过低自动熄炉保护。

(1)在燃烧过程中如果炉膛中途熄火,光敏电阻失去火焰光照,继电器 1JY(21)断电,其触点 1JY₁(21)断开;继电器 2JY(21)断电,其常闭触点 2JY(22)闭合;继电器 4JZ(22)有电,触点 4JZ₁(15)闭合,而 1JS₂ 在点火时序控制结束时处于闭合状态,所以点火变压器 Fb(15)通电,重新进行点火。同时,4JZ₂(7)也闭合。由于 1JS₅(7)已闭合,故熄火保护延时继电器 2JS(7)通电,对点火时间进行监视,若在 7 s 内点火成功,即转入正常燃烧;若仍未点燃,则同点火失败情况一样,7 s 后触点 2JS₁(11)闭合,1JZ 有电,1JZ(12)断开,主继电器 2JZ(12)断电,使锅炉停止燃烧,并发出熄火声光报警信号。

(2)锅炉在运行中,当水位下降到危险低水位时,最低的一根电极棒脱离水面,继电器 4JY(9)断电,触点 4JY(12)断开;主继电器 2JZ(12)断电,2JZ₂(母线上)断开,切断整个控制电路,锅炉自动熄火停炉。同时,4JY₂(2)闭合,危险低水位指示灯 2XD 亮,蜂鸣器响,发出报警信号。

(3)当风压过低时,风压保护继电器 FY(12)触点断开,主继电器 2JZ 断电,锅炉熄火,停止工作。当锅炉某些自动控制设备出现故障,难以立即修复时(如多回路时间继电器故障、压力比例调节器或电动比例操作器失灵等),可改为手动控制。在手动控制之前,应做好以下准备工作:检查锅炉水、油、电的供给情况是否正常;自动控制箱上的各转换开关处于点火前的准备位置;锅炉水位应稍高于最低水位;将燃油电磁阀置于常开状态,而手动速关阀处于关闭状态;将燃烧转换开关 1K 置于"手动"位置,风机和油泵转换开关 2h 和 3h 放在"停止"位置;将风油配比机构与电动比例操作器 DBC 脱开,把风门和油门调到小火燃烧位置;合上总电源开关 KD。

具体手动操作步骤是:

①按下启动按钮 AQ(12),接通控制电路;

②将风机转换旋转 2h(13)扳到手动位置,风机投入运行,进行预扫风;

③预扫风后(如 60 s),把油泵转换旋钮 3h(14)扳到手动位置,油泵启动,建立起油压;

④按下点火按钮 1AD(15),点火变压器通电,点火电极产生电火花,打开燃油管路上的速关阀,向炉内喷油,进行点火;

⑤当从观火孔看到火焰时,放开按钮 1AD,中止点火变压器工作;

⑥点火成功后,调整风油配比机构,使炉内燃烧和锅炉负荷相适应;

⑦如果手动点火失败,应立即关闭速关阀,停止向炉内喷油,并进行后扫风,查明原因排除故障后,再重新点火。

【课后练习】

任务实施	任务评价(满分10分)			得分
根据图 12 - 11 说明辅锅炉燃烧自动控制电路工作原理?	正确,合理,语言表达清晰、流畅(8 ~ 10 分)	大致正确,语言表达清晰、流畅(6 ~ 8 分)	不能清晰、流畅解释(0 ~ 5 分)	

【项目小结】

本项目重点介绍了锅炉控制系统分析及故障处理,重点讲解了三个任务:辅助锅炉水位的自动控制、辅助锅炉蒸汽压力的自动控制、辅助锅炉燃烧的时序程序控制。通过这三个任务的学习,应掌握辅助锅炉系统的组成及各部分的工作原理、能正确分析辅助锅炉各系统的电气原理图、能正确分析辅助锅炉电气系统的常见故障、能够使用万用表电阻法和电压法排除故障等关于辅助锅炉管理、检修、维护岗位的核心技能。

项目 13 分油机的自动控制

知识目标

- 掌握自动排渣分油机系统结构组成；
- 正确分析分油机时序控制电路的工作过程；
- 掌握 FOPX 型分油机的基本工作原理和控制过程；
- 了解 FOPX 型分油机的监视电路工作原理。

能力目标

- 能够完成自动排渣分油机的手动控制操作；
- 能够测试和调整 FOPX 型分油机的有关运行参数。

任务 13.1 常规分油机时序程序控制系统

【任务导入】

分油机是一种离心式沉淀设备，作用是将待分离油中的杂质颗粒和水分分离，基本原理是利用分离盘之间的微小间隙和分油机高速旋转的离心力将杂质颗粒和水分等密度较大的成分分离出去。轮机管理人员应能够对分油机进行正确操作和使用。

【任务分析】

常规分油机分为人工操作和自动控制两部分，对于需要手动控制部分可以进行手动操作，自动控制部分了解其工作过程和工作原理。

【任务实施】

13.1.1 自动排渣分油机的工作概况

如图 13 - 1 所示，自动排渣分油机是在普通分油机的基础上加上活动底盘、配水盘、密封环、滑动环、复位弹簧以及相应的自动控制设备组成。图 13 - 1 中，在进工作水的内管、外管和高置水箱（其位置应高于分油机 1.5 ~ 3.0 m，靠水箱中水的静压向内、外管提供工作水）之间装有手动控制阀（手动时用）和电磁阀（自动时用）。这里先说明手动控制时的工作过程。

手动控制阀有四个位置：

"1"位——开排渣口；"2"位——空位放水；"3"位——封闭排渣口；"4"位——正常分油。可以通过手动控制阀位以进入不同的工况。自动控制时，则是通过控制电磁阀 V_{1-1} 和 V_{2-1} 通电或断电来实现上述功能。

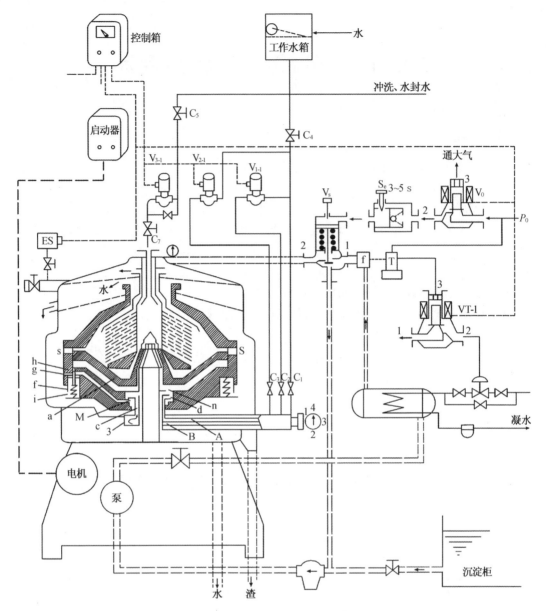

图 13-1 自动排渣分油机系统图

下面以手动控制来说明：

1. 开排渣口

当手动控制阀放在"1"位时，外管进水而内管断水，外管的水压使左侧的滑动环 f 下压，打开左侧和活动底盘相通的垂直出水口 h，活动底盘下部空间的工作水经 h 和出水口 i 排出，导致活动底盘下落打开排渣口 S，使分离筒中的渣油和水一起从排渣口 S 排出。此为开排渣口过程。

2. 空位放水

当排渣完毕后，将手动控制阀打至"2"位，此时外管和内管均断水，原积存于分离筒内的水从左边的 g 口排出，复位弹簧使滑动环向上复位，关闭和活动底盘下部空间相连的垂直出水口 h，但排渣口 S 仍为打开状态，此为空位放水状态。如果不再分油，则各有关部件一直处于此状态。

3. 封闭排渣

若要继续分油,则将手动控制阀打至"3"位,使外管和内管同时进水,大量的工作水使活动底盘下面的空间充满水,随分离筒一起高速旋转的水产生动压使活动底盘迅速托起,封闭排渣口 S,为分油做好准备,此为封闭排渣口工况。

4. 正常分油应注意

外管进水的时间不能过长,否则过量的水会使左边和活动底盘相连的垂直出水口 h 打开,导致活动底盘下面空间的水经 h 和 i 泄出而使活动底盘再次落下,故经一定时间(约5 s)后,应将手动控制阀打至"4"位。在此位置,外管断水而内管进水,以保持活动底盘托起封闭排渣口并补偿工作水的损失。在此状态下,可打开进水封水和冲洗水阀 C_5、C_7,向分离筒内注入水封水,水封水在筒内高速旋转形成水封后,再慢慢打开进油阀 V_s,注入待分离的油,进行正常分油。正常分油期间,净油不断从上部的出油口送入日用油柜,分离出的水则不断从上部的出水口排出。当经过一定时间(如2 h)后,应将手动控制阀从"4"位打至"1"位,开排渣口排渣。其过程同"开排渣口"工况。

13.1.2 时序自动控制系统的组成

分油机的时序自动控制系统是利用一套按时间顺序自动地控制内、外管进水和断水,控制油阀和冲洗水及水封水阀的开闭的自动控制系统。用来自动完成分油机的分油、排渣、再分油等一系列程序动作而无须人工进行操作。

如图13-1所示,电磁阀 V_{1-1} 通电时控制外管进水;电磁阀 V_{2-1} 通电时控制内管进水;电磁阀 V_{3-1} 通电时控制水封水和冲洗水进水。这些电磁阀是通电时打开进水,断电时关闭断水的。

三通电磁阀 V_s 是控制待净化油进入分油机的。通电时,阀芯被吸上,切断通大气的管路3,压缩空气 P_0 经 V_0 的通路1和2进入节流止回阀 S_c,并经针阀的节流作用,使活塞阀 V_s 阀芯的上部空间的压力慢慢增加,经3~5 s 的延时,阀 V_s 的通路3截止,1和2相通,被加热的油慢慢进入分油机,以免开始时进油过快而破坏水封造成跑油现象。电磁阀 V_0 断电时,阀芯下降,气源被切断,2和3相通,阀 V_s 的阀芯上面的空气不经节流止回阀 S_c 的针阀节流而直接顶开球阀泄放入大气中,阀 V_s 的阀芯在弹簧的作用下迅速上移,停止向分油机进油,被加热的油经阀 V_s 的通路1和3在分油机外面循环。

电磁阀 VT-1 是用于控制加热油的。在正常分油的情况下,电磁阀 VT 断电,阀芯下落,切断与大气的通路1,温度调节器 T(f 为温度检测元件)输出的控制信号经阀 VT-1 的通路3和2控制蒸汽调节阀的开度,对待分油进行恒温控制。在停止分油时(此时电磁阀 V_0 断电),电磁阀 VT-1 通电,阀芯吸上,切除温度调节器,蒸汽调节阀的控制空气通大气,蒸汽阀全开,加快对油的加热强度。

ES 是压力开关,在分油过程中,当发生跑油等故障时,ES 动作,其常开触点闭合,通过控制电路发出报警信号,同时切断电磁阀 V_0 的通路,停止向分油机进油。在此情况下,要求立即停止分油机的工作,待故障排除后再启动分油机。

分油机在进行分油、排渣、再分油的动作过程中,各电磁阀的开闭顺序是由时序控制器和定时器来控制的。时序控制器一般采用凸轮式,它由电动机 CM 经减速装置带动以一定的速度转动,在凸轮轴上装有12组凸轮,与时序控制系统直接有关的有9组,每一组凸轮控制一个微动开关。定时器用于根据油中含渣量的多少预先整定好自动排渣的时间。当达整定的排渣时间后,定时器的控制触点闭合,停止分油,进行排渣。

时序控制器和定时器的触点通、断时间如图 13 - 2 所示。粗线处为触点接通,无线处表示触点断开。

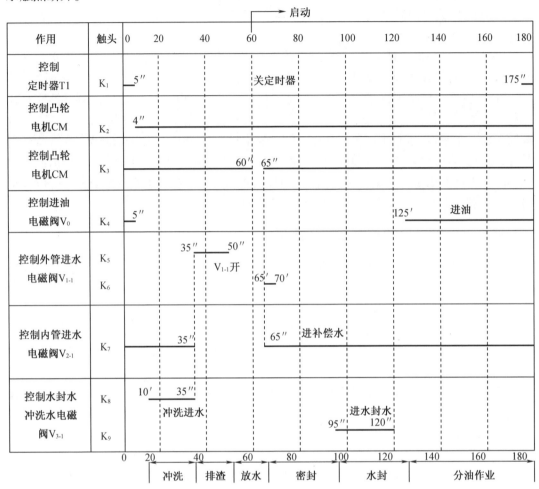

图 13 - 2 时序控制器触点通断时间表

13.1.3 分油机时序控制电路分析

1.分油前的准备

自动排渣分油机的时序控制电路如图 13 - 3 所示。在分油机时序控制电路投入工作前,要检查工作水箱水位,如果该水位是自动控制的,则应使水位控制系统投入工作。

接通电磁气阀 V_0 和温度调节器的气源,为待分油进入分油机并对油温进行自动调节做准备。启动分油机电动机,使分离筒的转速稳定。

2.空位放水(上次停机后的状态)

合上电源开关 DS,电源指示灯 LS 亮。把选择开关 SS - 1(25 - 支路)打至要投入工作的分油机位置。触点 SS - 1(25)闭合后,继电器 R6 - 1(25)通电动作,其常开触点 R6 - 1(14,15,17,18,20,21)闭合,为有关电磁阀通电做准备。分油机在停机时,时序控制器的凸轮总是停在图 13 -2 的 60″位置(原因后述)。在此位置上,只有触点 K_2 是闭合的,其余触点(K_1、K_3、K_4、K_5、K_6、K_7、K_8、K_9)全部断开。其中 K_1 断开使定时器 T_1 断电停止,正常分油指示灯 LR 熄灭;K_3 断开使时序控制器电机停止运行,排渣指示灯 LD 熄灭;K_4 断开使电磁气阀 V_0 断电,禁止待分油进入分油机而在机外循环;中间继电器 X -1 失电,其常闭触点 X -1(15)闭合,电磁气阀 VT -1 通电,使蒸汽阀的控制气直通大气而蒸汽阀全开,增强对待分油的加热;K_5、K_6 断开,电磁阀 V_{1-1} 断电,切断外管进水;K_7 断开,电磁阀 V_{2-1} 断电,切断内管进水(放水状态);K_8、K_9 断开,电磁阀 V_{3-1}(21)断电,禁止冲洗水和水封水进入分油机。此时分油机的活动底盘落下,排渣口打开;滑动环复位,分油机处于空位放水工况。

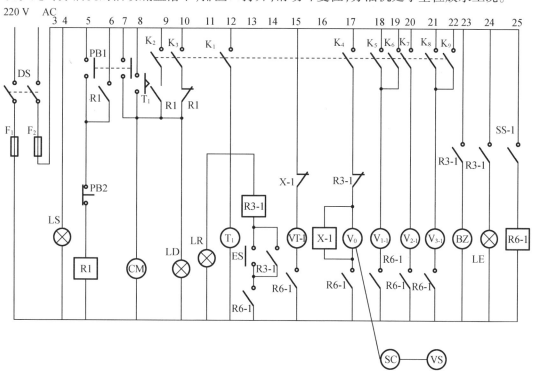

图 13 -3 自动排渣分油机时序控制电路图

3.密封(活动底盘托起封闭排渣口)

按下时序控制电路的启动按钮 PB1(5),继电器 R1 通电吸合,其常开触点 R1(6)闭合自保;常闭触点 R1(10)断开,使时序控制器电机不能通过 K_3(10)支路获电,而常开触点 R1(9)闭合,因 K_2 闭合,CM 和 LD 通过支路 9 获电一方面排渣指示灯 LD 亮,另一方面时序控制器电机 CM 从 60″位置开始运行,至 65″前。

当时序控制器运行到 65″位置时,K_3(10)闭合,但因 R1(10)断开,此时无用,CM 仍通过支路 9 获电;K_6(19)和 K_7(20)同时闭合,电磁阀 V_{1-1} 和 V_{2-1} 获电,外管和内管同时进水把活动底盘托起,封闭排渣口,这是密封工况,直到 70″前。

当时序控制器运行到 70″位置时,K_3(10)和 K_7(20)保持闭合而 K_6(1)断开。其中 K_7(20)闭合使 V_{2-1} 保持通电,内管保持进水用以补偿活动底盘下面空间的工作水;K_6(19)断开,V_{1-1} 失电,外管停止进水。在 70″至 95″这段时间是让活动底盘可靠地封信住排渣口,等待进行正常分油。

4. 形成水封

当时序控制器运行到 95" 位置时，$K_9(22)$ 闭合，电磁阀 V_{3-1} 通电打开，水封水进入分油机的分离筒内形成水封。直至 120" 位置，$K_9(22)$ 断开，电磁阀 V_{3-1} 断电关闭，停止水封水进入分油机。用 25" 时间形成水封以确保分油时不发生跑油。

5. 进油分油

当时序控制器运行到 125" 位置时，$K_4(17)$ 闭合，电磁阀 V_0 和中间继电器 $X-1$ 通电动作。V_0 通电切断油在分油机外面循环的通路，使油慢慢进入分油机，开始进行分油。由于阀 SC 的作用，开始时进油较慢，以防破坏水封，延时 3"~5" 后，才让大量的油进入分油机，进行正常分油。

在 125" 至 175" 期间用于建立净油出口油压，使净油出口油压达到 12 MPa。当净油出口压力达此值后，压力开关 ES 的触点 ES(13) 在正常位置（断开）。因为在 175" 前 $K_1(12)$ 是断开的，在建立起正常油压前，$T_1(12)$ 和 $R3-1(13)$ 不会通电，以免误发跑油信号。在电磁阀 V_0 通电的同时，中间继电器 $X-1$ 通电，$X-1(15)$ 断开，$VT-1$ 失电，使温度调节器 T 输出的控制信号对蒸汽阀的开度进行调节，以保证油温的恒定。

当时序控制器运行到 175" 后，$K_1(12)$ 闭合，排渣时间间隔延时器 T_1 开始通电计时，正常分油指示灯 LR 亮。这时，由于净油出口压力已达正常值，油压开关触点 ES(13) 断开，继电器 $R3-1$ 不会通电，其常闭触点 $R3-1(17)$ 保持闭合，电磁阀 $V_0(17)$ 和中间继电器 $X-1$ (16) 保持通电而正常进油。

当时序控制器运行到 180"（即 0"）位置时，$K_2(9)$ 断开，支路 7,8,9,10 均在断开状态，排渣指示灯 LD 灭，时序控制器电机 CM 停止运行，此后，时序控制器的各触点保持在 0" 位置不变。分油机进行正常分油作业，等待排渣定时器 T_1 到时动作。

6. 排渣时间到，进冲洗水

当到达整定的排渣时间（如 2 h）后，定时器 T_1 的常开触点 $T_1(8)$ 闭合，排渣指示灯 LD 亮，同时时序控制器电机 CM 通电从 0" 位置开始运行，开始排渣过程。

当时序控制器运行到 4" 位置时，$K_2(9)$ 闭合，由于继电器 R1 是通电的，其常开触点 $R_1(9)$ 早已闭合，故电机 CM 不会因定时器触点 $T_1(8)$ 断开而断电停转。再过 1"（即 5" 位置）时，$K_1(12)$ 断开，正常分油指示灯 LR 熄灭，定时器 T_1 断电复位，$T_1(8)$ 断开，为重新通电计时作准备。

同时，$K_4(17)$ 断开，电磁阀 V_0 和中间继电器 $X-1$ 断电，V_0 断电，立即停止向分油机进油，使油在机外循环；$X-1$ 断电，其常闭触点 $X-1(15)$ 闭合，电磁阀 $VT-1$ 通电，切除温度调节器 T 对蒸汽调节阀的控制，使蒸汽阀全开加强对待分油的加热。

当时序控制器运行到 10" 位置时，$K_8(21)$ 闭合，电磁阀 V_{3-1} 通电打开，冲洗水进入分油机把大部分剩油排出，以免在排渣时浪费掉这部分油。同时，这部分水也对分油机内部进行清洗，直到 35" 前。

7. 开排渣口排渣

当运行到 35" 时，$K_8(21)$ 断开，电磁阀 V_{3-1} 断电关闭，停止进水。同时 $K_5(18)$ 闭合，电磁阀 V_{1-1} 通电打开使外管进水，$K_7(20)$ 断开，电磁阀 V_{2-1} 断电关闭，使内管断水，于是活动底盘下部空间的水从左边出口泄出，活动底盘落下，右边的排渣口 S 打开，分离筒中的渣和水一起从排渣口排出，直至 50" 前。

8. 空位放水

当运行到 50″位置时,K₅(18)断开,电磁阀 V₁₋₁断电关闭,外管也断水。

在 50″~65″期间内,配水盘内的水已排空,在复位弹簧的作用下,滑动环复位,封闭活动底盘下部空间,为再次托起底盘、封闭排渣口做好准备。在第 60″处,因 R1(5)通电自锁,R1(9)闭合,K₂是闭合的,故 CM 和 LD 通电,此后重复密封,形成水封,正常分油、排渣等前述的过程,直至人工停机。

9. 停机操作

当需要停止分油机的分油作业时,可人工按下停止按钮 PB2(5),继电器 R1 断电,其常闭触点 R1(10)闭合,因正常分油期间时序控制器停在 180″(即 0″)位置,K₃(10)是闭合的,于是 CM 和 LD 通过支路 10 通电开始运行,经过一次排渣的时序动作后,CM 总是通电运行到 60″位置,K₃(10)断开,又因 R1(5)已失电,CM 和 LD 全部断开而停在此处。时序控制器自动订在 60″位置上不动。排渣完成后,断开分油机电源,使分油机停止工作。

10. 跑油报警

当因某种原因水封被破坏时,油会从分油机的出水口跑掉,若分离筒密封不好,油也会从排渣口跑掉。出现跑油故障时,油出口处的油压会降低,当低于 0.08 MPa 以下时,压力继电器 ES 动作,触点 ES(13)闭合,继电器 R3-1 通电动作,其常闭触点 R3-1(17)断开,电磁阀 V₀ 及中间继电器 X-1 失电,停止向分油机内进油,同时切除温度调节器对蒸汽阀的控制,使蒸汽阀全开。R3-1(23)和 R3-1(24)闭合,报警指示灯 LE 亮,蜂鸣器 BZ 响,发出声光报警信号。

压力继电器 ES 的整定值范围是:当净油出口压力低于 0.08 MPa 时,触点 ES(13)闭合;当压力达到 0.12 MPa 时,触点 ES(13)断开。在时序图上可见,分油机刚开始分油时,K₁(12)是断开的,此时即使净油出口压力低于 0.08 MPa,ES(13)闭合,也不会误发跑油报警信号。

【课后练习】

任务实施	任务评价(满分10分)			得分
根据图 13-3 所示,分析分油机时序控制电路主要包含内容?	正确,完整,合理、语言表达清晰、流畅(8~10分)	大致正确,完整、语言表达清晰、流畅(6~8分)	不能清晰、流畅解释该过程工作原理(0~5分)	

任务 13.2　FOPX 型部分排渣分油机的自动控制系统

【任务导入】

FOPX 型分油机作为部分排渣分油机工作时,其特点是待分油连续进分油机,在排渣期间也不切断进油,每次排渣其排渣口仅打开 0.1 s。排出量是分离片外边缘与壳体之间容积的 70%。该分油机可净化在 15 ℃时密度为 1 010 kg/m³ 的重质燃油。而净化不同密度的燃油时不受低密度的限制,也取消了密度环,这给使用和操作者带来较大的方便。所以了解其工作原理和控制系统非常重要。

【任务分析】

该分油机与 EPC – 400 型控制单元和 WT200 型水分传感器组成了 ALCAP 系统。其 EPC – 400 型控制单元是以单片机 8031 为核心的一套控制和监视系统,本任务重点介绍这套装置的基本工作原理。

【任务实施】

13.2.1　FOPX 型分油机的基本工作原理

FOPX 型分油机由于控制系统不同,可部分排渣,也可全部排渣。在分油机中设有两个固定不动的向心泵,它们分别把分离出来的净油和水从相应的出口排出。所谓向心泵实际上就是扩压盘,它是把高速运动的液流速度能转变为压力能。待分油从其进口连续进分油机,并经分离盘上的垂直孔进入每片分离片,水分和渣质被离心力甩向分离盘的外侧,净油被推向分离盘的内侧。在排水口管路上装有一个排水电磁阀;在净油出口管路上装有一台 WT200 型的水分传感器,它能精确地检测净油中的含水量。当分离出来的水很少时,其油水界面在分离盘外侧较远。这时排水电磁阀关闭,封住排水口不向外排水。

净油经向心泵扩压连续由出油口排出。其净油中基本不含水分或含水量极少。随着分离过程的进行,油水分界面不断向里移动,水分传感器感受到净油中含水量的增加。当油水分界面移动到接近分离盘外侧表面时,净油中含水量增加到一个触发值。这个触发值送到 EPC – 400 型控制单元,由该单元决定或者是打开排水电磁阀,经另一个向心泵扩压由其管口向外排水,或者是打开一次排渣口,排出分离盘外侧容积的 70%。这时水分传感器所检测到的净油中含水量会迅速下降。其向心泵下面有四个小孔,当排水电磁阀关闭时,该向心泵排出的液体从这些小孔流出,并形成一个循环以防止此处温度过高。

当待分油中含水量极少时,从上次排渣算起又已达到最大排渣时间时,而油水分界面离分离盘外侧较远,即净油中基本不含水。为了减少排渣时油的损失,在排渣前置换水,使油水分界面向里移动,当该界面接近分离盘外侧表面时再打开排渣口进行排渣。

FOPX 型分油机在正常分油期间,滑动底盘靠它下面高速旋转的工作水所产生的动压头托起,密封排渣口。为了补偿工作水由于蒸发和泄漏的损失,经电磁阀 MV16(图 13 – 4)由 P2 管断续供水,其工作水面维持在相应的小孔附近,这时 P1 管断水。当需要排渣时,电磁阀 MV15 控制的 P1 管(图 13 – 4)和电磁阀 MV16 控制的 P2 管同时进水,开启室充满水。该水的压头足以克服弹簧的张力使滑动圈下落,打开泄水阀,滑动底盘下面的工作水经水孔进入开启室。开启室中的水经数个垂直孔大量进入另一腔室,少量水从两个泄水小孔泄放。由于滑动底盘下面的工作水泄放出去,水的动压头消失,滑动底盘下落,打开排渣口排渣,当滑动圈和定量环之间的密封腔室充满水时,滑动圈 L 上、下腔室的空间压力相等。在弹簧的作用下,滑动圈上移复位,密封泄水阀。大量的水经垂直孔进入滑动底盘的下落空间;其工作水面迅速达到小孔附近,再次把滑动底盘托起密封排渣口。

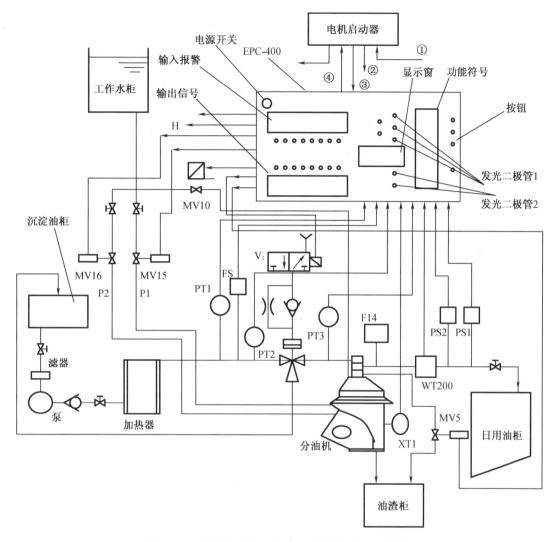

图 13 - 4　FOPX 型分油机自动控制系统组成原理图

　　排渣口密封后,电磁阀 MV15 断电,P1 管停止进水,滑动圈上下腔室的水经泄水两个小孔泄放,P2 连续进水一段时间后恢复间断进水(一直连续进水亦可,滑动底盘下面的工作水只能维持在既定的小孔附近,不会再向里移动。否则,会经 P2 管倒流回高置水箱)。在整个排渣过程中,P1 管进操作水的时间为 3 s,而滑动底盘下落,即排渣口打开的时间仅为 0.1 s,这个时间足以使分油机分离盘外侧的 70% 容量从排渣口排出。

　　排渣口打开的时间与排渣口排出的容量与定量环表面凹槽的大小有关。凹槽越大,容水量越多,使水充满密封腔室所需时间越长,则排渣口打开的时间也就越长,即从排渣口排出的容量要多于 70%。不过定量环表面凹槽的大小是不能调的。实际所用的定量环凹槽大小就是保证在一次排渣中,排渣口仅打开 0.1 s 左右。由于排渣口打开时间很短,每次排渣排出的容量仅是分油机里容量的一部分,故叫作部分排渣分油机,且在排渣时不必切断进油。

13.2.2　FOPX型分油机的控制系统

在FOPX型分油机中,组成其控制系统的重要设备是EPC-400型自动控制和监视装置,它接收装在分油机进油管路上和净油出口管路上的传感器信号。对这些信号进行分析并加以处理,由输出端输出各种信息,对分油机进行控制,同时分油机的运行状态也通过在EPC-400型装置上的发光二极管的亮灭以及数字显示窗的数字进行指示。

如图13-4所示,对EPC-400型装置来说,其主要输入信号有PT1和PT2,分别是燃油进口的高油温和低油温的温度开关,用以监视加热器出口的燃油温度。若PT1闭合,发出燃油高温报警,并切断加热器电源。当油温下降到下限位时,PT2开关闭合发出低油温报警,并接通加热器电源。加热器可选择电加热器和蒸汽加热器。选用电加热器时,按EPC-400型装置上加热器启动按钮后,H端向加热器提供48 V交流电源;选用蒸汽加热器时,H端是24 V交流电源。PT3是温度传感器,它检测待分油温度的实际值。这个信号有两个用途,其一是送至加热器温度控制系统的PI调节器,对燃油温度进行比例积分控制,把油温控制在给定值上;其二是送至EPC-400型装置中,当发生油温上下限报警时,可由数字显示窗显示油温的实际值。可见,分油机在正常运行期间,温度开关PT1和PT2都是断开的,燃油加热系统在PI调节器的控制下可保持分油机最佳分离效果所要求的燃油温度值。只有在加热器装置出现故障时,温度开关PT1和PT2才起作用,因此可把PT1和PT2看作是加热器故障监视开关。FS是低流量开关,它监视供油系统故障。若供油系统有故障,如滤器堵塞、管路泄漏、泵浦损坏等都会引起进油量降低。低到下限值时,低流量开关FS闭合;把该信号送至RPC-400型装置,发出低流量报警。在净油出口管路上装有流量表F14,随时指示分油机净化出燃油的数量。

在净油出口管路上分别装有两个压力开关PS1、PS2。PS1是高压开关,实际上它是监视净油出口的正常压力的;净油出口压力正常时该开关断开,当分油机发生跑油等故障现象时该开关闭合,FPC-400型装置收到这个信号后,要发出分油机故障报警并停止分油机工作,因此PS1压力开关实际上是监视分油机故障开关。PS2是低压开关,它是排渣口是否打开的反馈信号,当分油机需要排渣时,EPC-400型装置发出排渣信号使滑动底盘下落打开排渣口,分离外侧空间的水和渣质立即从排渣口排出。这时净油出口压力会迅速下降,PS2开关闭合,它告诉EPC-400型装置排渣口已经打开,排渣程序在执行。如果EPC-400型装置发出排渣信号后没有收到排渣口打开(PS2闭合)信号,说明分油机不能排渣。这时EPC-400型装置撤销排渣信号,数秒后第二次发出排渣信号,如果仍收不到排渣口打开信号,EPC-400型装置最终确定该分油机不能排渣,发出不能排渣的报警并停止分油机工作。EPC-400型装置发两次排渣信号的作用是防止误动作和误报警。

在净油出口管路上装有WT200型水分传感器,该传感器能精确地检测净油中的含水量。当分油机刚开始分油时,油水分界面远离分离盘外侧,净油中含水量极低,仅是在油中的乳化水。EPC-400型装置把这个含水量存在读写存储器RAM中,作为净油含水量的参考值。随着分油过程的进行,油水分界面不断向里移动,净油中含水量会逐渐增加。当净油中含水量达到350单位(相当于净油中含水量占0.2%)时,即达到了净油中含水量的触发值。根据上一次排渣后的时间间隔决定是打开排水阀MV5进行排水,还是打开排渣口进行一次排渣。因此在FOPX型分油机自动控制系统中,WT200型水分传感器是很重要的部件,它的结构如图13-5所示。水分传感器是由两根彼此绝缘的同心圈管组成,它形成了一个圆筒形电容器,净油全部流过圆筒形电容器。EPC－400型装置为WT200型水分传感器提供20 V直流电源,它使水分传感器内部的振荡器工作,产生频率较高的交流电。该交流电经电容器极板送出一个大小与净油中含水量成正比的交流电流信号;并经有屏蔽的电缆线送回到EPC－400型装置。当振荡器产生固定频率的交流电信号后,流过电容器电流的大小完全取决于电容器的介电常数。纯矿物油的介电常数只有2~4,而水的介电常数高达80。因此净油中含水量的增加,尽管只有微量的增加,由于介电常数的增加,流过电容器的电流也会增大。其检测精度是比较高的,一般精度可达±0.05%。在水分传感器中,有一块检验电路板,它监视振荡器的工作是否正常,EPC－400型装置每6 s检测一次这个信号,如果振荡器工作不正常,EPC－400型装置要发出报警并停止当前所执行的程序。

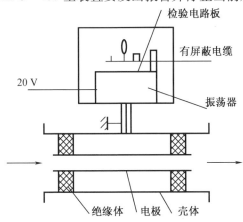

图13－5　WT200型水分传感器结构图

EPC－400型装置的输出信号除在内部控制面板上的发光二极管亮灭及数字显示窗口数字显示外,对外输出包括控制待分油进分油机的电磁阀V_1。正常分油(包括正常排水和排渣)时,V_1通电,压缩空气把三通活塞阀打开,被加热的燃油不断进入分油机。在停止分油时,电磁阀V_1断电,切断燃油进分油机的通路,燃油经加热器在分油机外面打循环。电磁阀MV16是用来控制补偿水和密封水的。分油机在正常分油期间,该阀断续通电打开,经管P2向滑动底盘下面的工作空间进补偿水。保证滑动底盘托起,牢牢关闭排渣口。当需要排渣时EPC－400型装置输出的控制信号使操作水电磁阀MV15及电磁阀MV16均通电打开3 s,排渣口打开0.1 s自动关闭进行一次排渣。电磁阀MV15打开3 s后断电关闭。电磁阀MV16连续打开一段时间后,又恢复断续通电状态。电磁阀MV5是排水电磁阀,需要排水时EPC－400型装置输出一个信号使该电磁阀通电打开,在正常分油期间或在排渣期间该电磁阀均断电关闭。在EPC－400型装置中设定了一个最短的排渣间隔时间为10 min,一个最大的排渣间隔时间为63 min(可调)。如果待分油中含水量极少,从上次排渣算起在63 min内油水分界面仍在分离盘外侧一段距离,净油中含水量仍没有达到触发值,这时EPC－400型装置就决定排一次渣。在排渣前,先输出一个控制信号使电磁阀MV10通电打开,向分油机内注入置换水。油水分界面逐渐向里移动,大约20 s净油中含水量会达到触发值,EPC－400型装置将输出控制信号使电磁阀MV15和MV16同时通电打开,进行一次排渣程序,该过程如图13－6中的曲线1所示。如果待分油中含有一定的水量,距上次排渣超过10 min,但不到63 min净油中含水量迅速增加到触发值,即油水分界面已经内移到接近分离盘外侧的边缘。这样EPC－400型装置发出排渣信号进行一次排渣。由于分离盘外侧有足够的水量,所以排渣前不用置换水。该过程如图 13-6 中的曲线 2 所示。如果待分油中水量较多,在上次排渣后的 10 min 之内,净油中的含水量就达到触发值,此时 EPC-400 型装置发出一个控制信号使排水电磁阀 MV5 通电打开向外排水。随着排水的进行,油水分界面不断外移,净油中的含水量迅速下降,一般排水阀打开 20 s 后关闭。距上次排渣 10 min 以上净油中含水量又达到触发值,则 EPC-400 型装置发出排渣信号进行一次排渣。该过程如图 13-6 中的曲线 3 所示。如果待分油中含有大量的水,距上次排渣后较短的时间内净油中含水量就达到触发值,且排水阀打开 120 s 后净油中含水量仍未能下降到低于触发值,这时 EFC-400 型装置关闭排水阀进行一次排渣。排渣后净油中的含水量又较快地增至触发值,且打开排水阀 120 s 后净油中含水量还不能下降到触发值以下,EPC-400 型装置再进行一次排渣后停止待分油进入分油机,停止分油机工作发出声光报警。该过程如图 13-6 中曲线 4 所示。

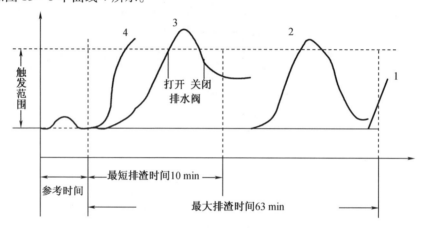

图 13-6 待分油中含水量不同的排水和排渣情况

XT1 是液体传感器,是装在排渣口的温度传感器,它需要用空气冷却。在正常分油期间,排渣口没有液体流出,XT1 传感器应检测到低温值。如果在此期间检测到温度值升高,说明排渣口密封不严,有液体流出,则 EPC-400 型装置面板上相应的红色发光二极管闪光报警。在排渣期间,XT1 应检测到高温信号。如果没有检测到高温信号,说明排渣口没有打开。在老式的控制装置中,就是用这个信号作为排渣的反馈信号。但因为易出故障,在新的控制装置中采用 PS2 作为排渣的反馈信号,而不用 XT1。在新的控制装置中仍保留它用以检测在正常分油期间,排渣口是否被牢牢地密封。

EPC-400 型装置中的工作电源是 48 V 交流电,它来自分油机电机启动器,启动器接 220 V 交流主电源①作为控制启动分油机的电源。按启动器上的启动按钮后,一方面启动分油机电机,另一方面使启动器中的继电器 K5 通电,经变压器输出 48 V 交流电向 EPC-400 型装置供电③。如果分油机系统出现故障需要停止分油机工作时 EPC-400 型装置经接线④输出一个停止信号,使继电器 K3 通电,切断分油机电源。合上 EPC-400 型装置面板上的电源开关就接通了该装置的 48 V 交流电源。

在 EPC-400 型装置面板的右面有四个按钮。最上面的是加热器按钮,按此按钮接通加热器电源,对待分油进行加热,待分油在分油机外面打循环。第二个按钮是程序启动/停止按钮,按一次该按钮,EPC-400 型装置运行预定的程序。它首先监视待分油的温度,当加热器把待分油加热到正常温度值(PT1 和 PT2 温度开关均断开)时,开始向分油机进油以及排水、排渣的正常程序运行。图13－7列出了FOPX型分油机在EPC－400单元控制下启动、运行、排渣、停止程序的时刻表。

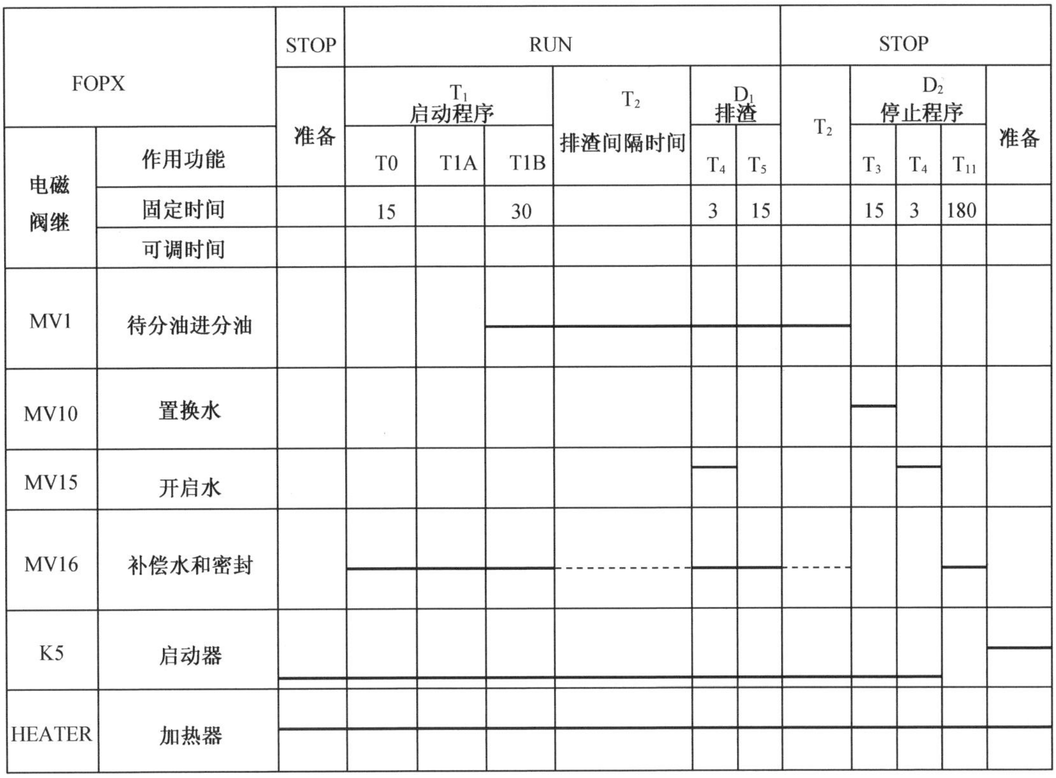

FOPX		STOP	RUN				D₁排渣		STOP				
			T₁ 启动程序			T₂			T₂	D₂ 停止程序			
电磁阀继	作用功能	准备	T0	T1A	T1B	排渣间隔时间	T4	T5		T3	T4	T11	准备
	固定时间		15		30		3	15		15	3	180	
	可调时间												
MV1	待分油进分油												
MV10	置换水												
MV15	开启水												
MV16	补偿水和密封												
K5	启动器												
HEATER	加热器												

图13－7　程序时刻表

　　第三个按钮是手动排渣按钮,按一次该按钮,分油机执行一次排渣程序。第四个也是最下面的按钮是报警复位按钮,当分油机系统或控制系统出现故障时,EPC－400型装置可能发出停止分油机工作或停止程序运行信号,其红色总报警发光二极管闪光。待故障排除后须按此复位按钮才能消除故障信号,并使程序恢复到启动前的状态。

　　发光二极管1中的三个发光二极管分别指示加热器工作(绿色)、程序运行(绿色)、程序停止(黄色)。在发光二极管2中,上面的是不排渣报警指示(红色),下面的是总报警指示(红色)。左边两排发光二极管,上排是各种输入信号的报警指示(红色),下面是正常输出信号指示(绿色)。显示窗有5位数字显示器,在运行期间,左边两位显示净油中含水量的触发范围值,它是触发范围的百分数。如果触发范围达到或超过100%,则显示"——"。右边三位显示距下次排渣的最大时间。在参数设定和调整过程中,四个按钮及数字显示器也有很大用途。

【课后练习】

任务实施	任务评价(满分10分)			得分
1. 根据图13-4解释说明FOPX型分油机自动控制系统。	正确,合理,语言表达清晰、流畅(8~10分)	大致正确,语言表达清晰、流畅(6~8分)	不能清晰、流畅解释该过程工作原理(0~5分)	
2. 在发生故障和没有发生故障时,按下故障复位按钮,每次分别表示什么意思?	正确,合理,语言表达清晰、流畅(8~10分)	大致正确,语言表达清晰、流畅(6~8分)	不能清晰、流畅解释如何实现过载保护(0~5分)	

【项目小结】

本项目重点介绍了分油机的组成及工作原理,重点讲解了两个任务:常规分油机时序控制系统、FOPX型部分排渣分油机的自动控制系统。通过这两个任务的学习,应掌握自动排渣分油机的工作概况、分油机时序控制系统组成及工作原理,应掌握FOPX型分油机的特点、控制系统组成及基本工作原理,能正确分析分油机各系统的电气原理图、能正确分析分油机电气系统的常见故障、能够使用万用表电阻法和电压法排除故障等关于分油机管理、检修、维护岗位的核心技能。

项目 14　油水分离器及自清洗滤器的自动控制

知识目标

- 油水分离器系统的工作原理；
- 油分浓度检测原理；
- 空气反冲式自清洗滤器的自动控制原理；
- 油反冲式自清洗滤器的自动控制原理。

能力目标

- 能够掌握油水分离器系统的组成及主要功能；
- 能正确分析油水分离器系统的电气控制原理图；
- 能掌握自清洗滤器的组成及主要功能；
- 能正确分析自清洗滤器的电气控制原理图。

任务 14.1　油水分离器的自动控制

【任务导入】

　　船舶舱底水混有各种油类、淤泥、杂质和其他沉淀物,这种污水如果不加处理任意排放会使海洋、江河和港口等水域污染。近年来国际上对防污染的要求日益严格,要求船舶,特别是远洋船舶必须设置舱底水处理装置,舱底水必须净化后方能排出舷外。国际海事组织规定、船舶排出舷外的水中,含油量不得超过 15×10^{-6}。

【任务分析】

　　目前,污水处理装置即油水分离器主要是用物理处理方法将水中所含的油分分离出去。它的自动控制包括水中含油量检测、报警,及净化后合乎标准的水排出舷外,分离出来的污油自动排放至污油柜。

【任务实施】

14.1.1　油水分离器工作系统的组成

　　图 14 - 1 示出油水分离器工作系统组成的原理图。该系统主要由油水分离器、舱底泵、污水贮存柜、污水驳运泵、污油柜及自动检测和控制等部分组成。

　　油水分离器多数以重力分离作为粗分离,以聚合及过滤吸附作为细分离。它由两个串联的圆柱形分离筒组成,筒内分别装有孔径不同的油滴聚合装置。污水用专用泵由污水贮存柜经滤器驳至第一级分离筒 8,污水由分离筒的上部切向进入,粗大油滴依靠比重差上浮进入分离筒顶部的集油腔而与水分离。污水不断沿油滴聚合装置自上而下,由外向内流动,使细小的油滴逐渐聚合成大油滴上浮。第一级分离后的污水由第一级分离筒的底部送至第二级分离筒9的油滴聚合装置。这种污水经两级处理后,可基本上除去油分,净化了的水从第二级分离筒排出舷外。集油箱的油位由双电极检测器检测,并自动控制把油排至污油柜。污油柜中的污油可送至焚烧炉的废油柜以备焚烧,或用泵浦径管系驳至岸上或接收舱加以处理。

油水分离器排出舷外水含油量由油分浓度检测器测定。当水中含油超过标准时,检测器发出声光报警信号,同时关闭电磁阀 V_2,停止向弦外排水;打开电磁阀 V_3,使被处理的水回至舱底,舱底泵把舱底水驳至污水贮存柜暂存。为加强油和水的分离效果,污水贮存柜内常设有蒸汽式或电加热系统,把污水加热到 40 ℃左右。如果需要岸上的设施或接收船处理时,可用舱底泵把该柜污水和舱底水全部排除。此外油水分离器还设清水系统。在启动油水分离器时,先打开清水阀把清水引入分离筒,然后再送进污水。当油水分离器工作时间较长,油水分离器可用清水工作一段时间,用以清洗两级分离筒及聚油装置。

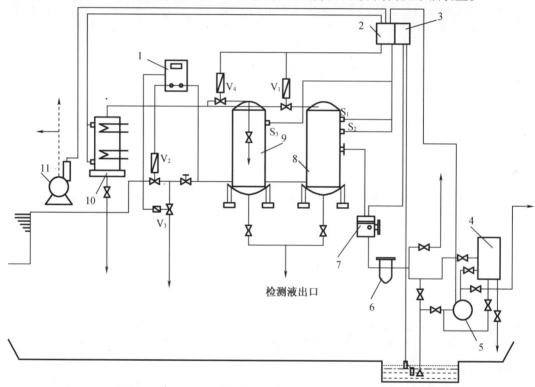

1—排水油分监控器;2—自动排油控制箱;3—泵浦自动控制箱;4—污水贮存柜;5—舱底泵;
6—滤器;7—专用泵;8—第一级分离筒;9—第二级分离筒;10—废油柜;11—废油驳运泵;
V_1—排油控制阀;V_2—排水控制阀;V_3—回水控制阀;S_1,S_2,S_3—液位检测器。

图 14 - 1　油水分离器工作系统原理图

14.1.2　油分浓度检测原理

经油水分离器净化的水能否排出舷外,需要经过水中含油浓度检测器(简称油分浓度计)进行检测,随时指示水中含油浓度值。若浓度值超过规定的标准,控制系统发出声光报警,管理人员要检查系统的工作情况,并排除故障,直到水中含油浓度符合标准为止。

通常用光来检测水中含油浓度。检测方式又分为混浊度法、红外线吸收法、紫外线吸收法及利用光散射原理测定油分浓度等方法。

1. 混浊度法

混浊度法是根据含油水的混浊程度即透光程度来反映水中含油程度。图14-2示出了用混浊度法检测水中含油浓度的原理图。它是由测量单元(如水源、检测器、光电元件和超声装置)、转化电路和辅助单元组成。被检测的液体(经油水分离器净化后的水)经滤器1和电磁阀2送入检测器4内,在检测器内由超声波装置9使检测液乳化。在恒定光源3的照射下,光电元件5的输出与被乳化的检测液的混浊程度(透光程度)有关,所以光电元件的输出经转换电路就给出了水中含油浓度。当浓度超过规定的上限值如15×10^{-6}时,发出报警信号。

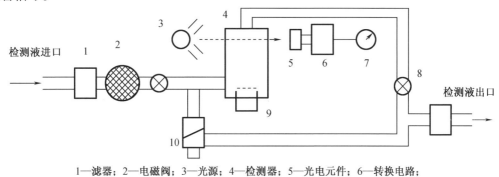

1—滤器;2—电磁阀;3—光源;4—检测器;5—光电元件;6—转换电路;
7—指示仪表;8—电磁阀;9—超声波装置;10—恒压阀。

图14-2 用混浊度法检测水中含油浓度的原理图

为了克服检测液中悬浮物对浑蚀度测量的影响,该装置采用两次测量的方法,如图14-3所示。第一次测量的时间是T_2,在这段时间内超声装置发出的超声波仅能使检测液中的悬浮物乳化。当达到稳定的混浊度时(图14-3(a)中的曲线1),光电元件得到一个反映悬浮物浓度的电信号,并由拾取脉冲将该信号送至电路的记忆单元。第二次测量的时间是T_4,超声波装置发出比第一次频率高、功率大的超声波,使检测液中油分乳化,其浑浊度如图14-3中曲线2所示。这个信号经光电元件输出一个反映悬浮物与油分浓度之和的电信号,再由拾取脉冲将该信号也送至电路的记忆单元,将记忆单元中这两个信号相比较求出差值就反映了水中含油浓度。此外,该装置装有恒压阀10,它保证了检测液处于恒压状态(如0.03 MPa),消除检测液中气泡所造成的测量误差。

这种检测方式能连续进行测量,测量时间约15 s,测量精度为$\pm 5 \times 10^{-6}$;测量的检测液压力为0.03 MPa~0.3 MPa,测量的检测温度为2~45 ℃,报警整定值为15×10^{-6}。

2. 红外线吸收法

红外线吸收法是根据油分与四氯化碳吸收各种波长红外线的能力不同来测定水中含油浓度。油分对于波长为3.4~3.5 μm的红外线几乎可以全部吸收,而且对其他波长的红外线吸收很少。而四氯化碳则对各种波长的光几乎全不吸收。根据这一原理,在pH值低于4的检测液中加入四氯化碳而后通过检测器,用吸收红外线的差异来反映水中含油浓度。

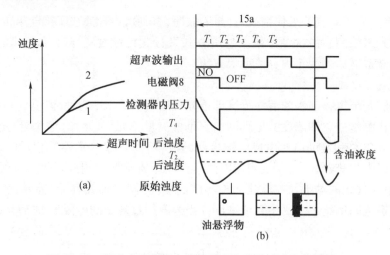

图 14 – 3　混浊度法用超声波检测水中含油浓度工作原理

图 14 – 4 示出用红外线吸收法测量水中含油浓度原理图。它由光源、比较单元、检测单元、放大单元及显示记录仪表等部分组成。来自红外线光源的红外线经回转板变成周期性的红外线,同时送入测量单元和基准单元。因为基准单元与红外线吸收无关,进入的红外线能全部送到检测器的基准室,而测量单元中送入配有四氯化碳溶剂的检测液,它吸收的红外线与检测液含油浓度有关。由于存在油分而减少了送到检测器测量室的红外线。金属电容上、下两室由于接受光照强度不同,两室内气体热膨胀不同,由此而引起的压力差将随检测液中含油浓度而变化,则压力差的变化将改变金属电容的电容值,经放大器放大后输出指示含油浓度的检测信号。当含油浓度超过规定的上限值,将发出声光报警。

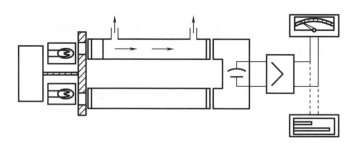

图 14 – 4　红外线吸收法

14.1.3　自动排油控制原理

目前,排油常采用双电极式检测器或单极电容式检测器进行自动控制,这里只介绍双电极式检测器自动控制排油原理。

图 14 – 5 示出双电极式检测器控制电路原理图。图中检测电极 S_1 和 S_2 分别置于油水分界面控制范围的上限和下限位置上,分离筒本体接地。它根据油水溶液导电性质不同来检测油水分界面的高低位置,以控制排油阀的开关动作。当油水分界面在高位时,电极 S_1 和 S_2 都浸于水溶液中,由于水含有酸、碱或盐分,是一种弱电解质溶液,能够导电,电极 S_1 和 S_2 对地均构成通路,故晶体管 T_1 导通,T_2 截止,继电器及断电不动作,电磁阀 V_1 断电关闭,不能进行排油。随着油水分离器不断工作,分离筒顶部集油腔中的油会逐渐增多,油水

分界面不断下移,当油水分界面低于电极 S_1 时, S_1 浸在油中,油几乎是不导电的,所以 S_1 对地处于断路状态。但是,由于电极 S_2 仍在水溶液中,它对地仍为通路,且继电器中的常闭触头 R/1 是闭合的,所示晶体管 T_1 仍是导通, T_2 截止,电磁阀 V_1 仍然断电关闭不能排油。当油水分界面继续下降到电极 S_2 以下时, S_2 也处于油溶液中。这时电极 S_1 和 S_2 对地均为断路,晶体管 T_1 截止, T_2 导通,继电器只通电动作,其常闭触头 R/1 断开,常开触头 R/2 闭合,电磁阀 V_1 通电打开,开始向废油柜排油。

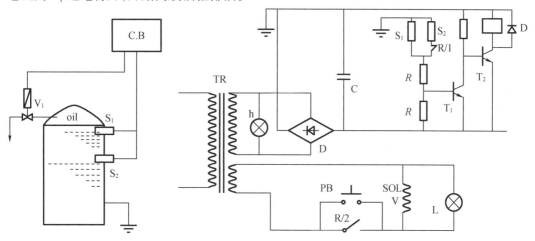

图 14 - 5　双电极式自动排油控制电路图

随着污油的排出,油水分界面又会逐渐上升。当油水分界面接触或超过电极 S_2 时, S_2 对地构成通路,但是由于 R/1 是断开的,所以 T_1 保持截止, T_2 保持导通状态,继续排油。直到油水分界面升高到电极 S_1 时, S_1 对地构成通路,使晶体管 T_1 导通, T_2 截止,继电器只断电,其常闭触头 R/1 闭合,常开触头 R/2 断开,电磁阀 V_1 断电关闭停止排油。以后重复上述动作。图中 PB 是应急排油按钮,在应急情况下(如自动排油系统发生故障)可手操此按钮令电磁阀通电排油。

【课后练习】

任务实施	任务评价(满分10分)			得分
根据图 14-1 详细分析油水分离器工作系统工作原理图。	正确,完整,合理、语言表达清晰、流畅(8~10分)	大致正确,完整、语言表达清晰、流畅(6~8分)	不能清晰、流畅解释该过程工作原理(0~5分)	

任务 14.2　自清洗滤器的自动控制

【任务导入】

自清洗滤器是一种利用滤网直接拦截水中的杂质,去除水体悬浮物、颗粒物,降低浊度,净化水质,减少系统污垢、菌藻、锈蚀等产生,以净化水质及保护系统其他设备正常工作的精密设备,水由进水口进入自清洗过滤器机体,由于智能化(PLC、PAC)设计,系统可自动识别杂质沉积程度,给排污阀信号自动全排污。

【任务分析】

自清洗滤器运行及控制不需外接任何能源就可以自动清洗过滤,自动排污。反冲洗期间不断流,清洗过滤周期可以调节,自清洗过滤时间默认为 10~60 s,清洗过滤损失水量只占过滤水量的 0.08%~0.6%;过滤精度可达 10~3 000 μm;工作压力可达 1.0~1.6 MPa;单台流量为 4~4 160 m/h。可立式、卧式、倒置任意方向任意位置安装,可用于工业、农业、市政电力、电子、医药、食品、印染、建筑、钢铁、冶金、造纸等各行各业水过滤。

【任务实施】

14.2.1　空气反冲式自清洗滤器的自动控制

图 14-6 示出空气反冲式自清洗滤器的结构示意图。该滤器由四个滤筒、一个控制旋转本体及驱动电机等部分组成。滤筒装有滤网等滤清装置。在清洗时,由电动机驱动旋转本体依次对准各滤筒。在同一时间只有一个滤筒处在被清洗状态,其他三只滤筒在正常工作。被清洗的滤筒由旋转本体切断进油通路。此时电磁阀 S_1 通电,控制活塞 9 上部空间通大气,下部空间通气源 P_0 经减压阀 4 送来的压缩空气,抬起控制活塞,打开控制阀和排污阀。压缩空气进入清洗滤筒并从滤筒内向滤筒外冲洗,这与油的流动路线(从滤筒外向滤筒内)正好相反,故称反冲式自清洗滤器。被冲洗下来的污垢由排油口。大约冲洗 1 min,电磁阀 S_1 断电,下路通,气源 P_0 经减压阀 3 送至控制活塞上部空间。由于控制活塞上、下受气压作用的面积差把活塞压下,关闭控制阀和排污阀,停止对该滤筒的清洗。然后启动电动机 2 带动旋转本体转动,并对准下一个滤筒进行清洗。每当滤器进出口压差高于某值(如 0.09 MPa)时,开始清洗。当滤器进出口压差低于某一值(如 0.03 MPa)时,停止清洗。滤器自动清洗动作是由控制电路来实现的。图 14-7 示出了自清洗滤器自动控制原理图。

合上电源开关 S,因延时继电器 RT 尚未动作,其触头 RT(1-3)/6 闭合,冲洗电磁阀 S_1 通电,上路通,控制活塞 9 上部空间通大气。控制活塞下面空间的压缩空气 0.3~0.4 MPa 将控制活塞抬起,打开控制阀 8 和排污阀 7 进行冲洗。延时继电器 RT 达到延时时间动作,其触头 RT(1-3)/6 断开,RT(1-2)/6 闭合,冲洗电磁阀 S_1 断电停止冲洗动作。当滤器进出口压差 ΔP_1 大于某值时,压差开关动作,其触头 $\Delta P_1/3$ 闭合。因 ΔP_2 是常闭的,所以接触器 $C_1/3$ 通电动作,触头 C_1 闭合,电动机转动,触头 $C_1/6$ 断开,在电动机转动期间电磁阀 S_1 不能通电。电动机在转动时,凸轮开关 CS/5 闭合,继电器 $R_1/5$ 有电,其触头 $R_1/4$ 闭合,使接触器 $C_1/3$ 保持通电。同时,继电器 R_1 的常闭触头 $R_1/9$ 断开,继电器 RT_1 断电,其触头

RT/6 立即从(1-2)断开,合于(1-3),为冲洗做准备。当电机驱动旋转本体转到对准下一个滤筒时,凸轮开关将被顶开,CS/5 断开。继电器 R_1/5 断电,其常开触头 R_1/4 断开,接触器 C_1/3 断电,电动机停转;其触头 C_1/6 闭合,冲洗电磁阀 S_1 通电,进行清洗。继电器 R_1/5 断电后,其常闭触头 R_1/9 闭合,延时继电器 RT/9 通电,延时时间约 1 min。在延时时间内,继电器 RT 触头开关状态不变,保持对滤筒的清洗。达到延时时间后,继电器 RT 触头从 (1-3)断开,合于(1-2)。图 14-7 为空气反冲式自清洗器控制电路,S_1 断电停止冲洗,接触器 C_1 通电,再次启动电机驱动旋转本体对准下一个滤筒进行冲洗。以后重复上述动作,直到滤器进出口压差 P_1 小于规定值时,触头 P_1/3 断开,接触器 C_1 断电,电动机停转。

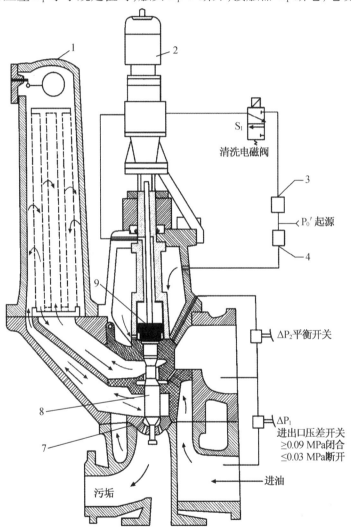

1,6—滤筒;2—电动机;3,4—空气减压阀;5—旋转本体;7—排污阀;8—控制阀;9—控制活塞。

图 14-6 空气反冲式自清洗滤器结构示意图

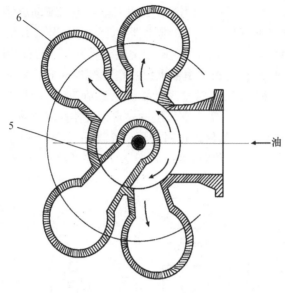

图 14-6(续)

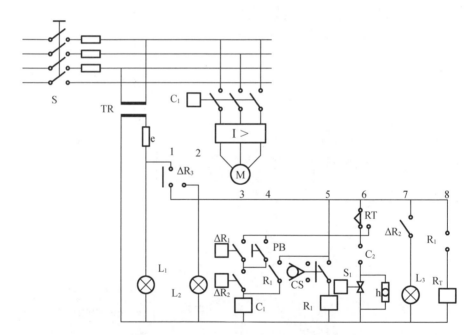

图 14-7　空气反冲式自清滤器控制电路

　　如果清洗后无效果,说明滤器有故障。当滤器进出口压差大于 0.12 MPa 时,报警触头 ΔP_3 闭合发出报警信号。ΔP_2 是冲洗状态指示压力开关,在冲洗时,因冲洗腔内压力高使其动作,$\Delta P_2/8$ 闭合,冲洗指示灯 L_3 亮,而触头 $\Delta P_2/3$ 断开。当冲洗时间已到,电磁阀 $S_1/6$ 断电,冲洗腔压力降低,状态指示压力开关 ΔP_2 复位,$\Delta P_2/8$ 断开,冲洗指示灯 L_3 灭。触头 $\Delta P_2/3$ 闭合,为电动机转动做好准备。图中 PB 是手动冲洗按钮开关,用于手动清洗;h 为计时器;e 为热保护继电器;L_1 为电源指示灯,L_2 为故障指示灯。

【课后练习】

任务实施	任务评价(满分10分)			得分
1. 根据图 14 – 1,解释说明油水分离器的基本工作原理。	正确,合理,语言表达清晰、流畅(8 ~ 10分)	大致正确,语言表达清晰、流畅(6 ~ 8分)	不能清晰、流畅解释该图含义(0 ~ 5分)	
2. 根据图 14 – 5,解释说明自动排油控制工作原理。	正确,合理,语言表达清晰、流畅(8 ~ 10分)	大致正确,语言表达清晰、流畅(6 ~ 8分)	不能清晰、流畅解释该图含义(0 ~ 5分)	
3. 根据图 14 – 7,解释说明空气反冲式自清滤器控制电路工作原理。	正确,合理,语言表达清晰、流畅(8 ~ 10分)	大致正确,语言表达清晰、流畅(6 ~ 8分)	不能清晰、流畅解释该图含义(0 ~ 5分)	

【项目小结】

本项目重点介绍了油水分离器及自清洗滤器的组成及工作原理,重点讲解了两个任务:油水分离器的自动控制、自清洗滤器的自动控制。通过这两个任务的学习,应掌握油水分离器的组成及工作原理,能正确理解混浊度法、红外线吸收法等几种油分浓度检测原理,应掌握空气反冲式自清洗滤器的自动控制过程,同时掌握油反冲式自清洗滤器的自动控制原理。

项目 15　船舶制冷设备的自动控制

知识目标

- 船舶制冷系统的作用、结构、分类；
- 船舶制冷系统电气系统图、原理图、接线图及规范。

能力目标

- 能安装与调试船舶制冷系统的控制线路；
- 能够对照船舶制冷系统的电气原理图排除电路常见故障；
- 能撰写船舶制冷系统的电气控制系统检修维护报告书。

任务 15.1　船舶冷库的自动控制

【任务导入】

制冷，就是从被冷对象中移出热量并建立一个相对的低温环境，用于船舶可以在较长时间内维持船上各类食品保鲜或者货物的冷藏储运。按工作原则不同，制冷装置可分类为压缩式、吸收式、真空式及半导体式，船上用得最多的是压缩式。

【任务分析】

从物理学知道，任何液态物质的蒸发汽化时，都要吸收大量的热量，称为汽化潜热，利用这一规律，选择汽化温度很低的液体，如在一个标准大气压（10^5 Pa）下，把汽化温度为 -29.8 ℃的氟利昂 12（F12）作为制冷剂，让它在一定条件下蒸发汽化，并将从其周围吸取大量的热量，使周围温度迅速降低，从而达到制冷的目的。

【任务实施】

15.1.1　船舶制冷系统综述

制冷系统的基本原理：如图 15 - 1 所示，低压气态冷剂从压缩机 1 的吸入口吸入，在压缩机的作用下从排出口排出高温、高压的气态冷剂，经冷凝器 3 冷却后变成低温高压的液态冷剂存放在贮液器 16 中备用。当冷库的供液电磁阀 5 打开时，液态冷剂经供液电磁阀 5、膨胀阀 6 的节流进入冷库的蒸发器 8 汽化，从冷库中吸收热量使冷库温度降低，吸热后的气态冷剂再回到压缩机的吸入口循环使用。冷凝器 3 由冷却水系统冷却，在压缩机工作的同时，冷却水系统必须同时工作。冷却水泵可由单独的电动机驱动，也可以由压缩机电动机驱动。蒸发器风机 7 用于使冷库各处的温度均匀，通常只有在融霜期间蒸发器风机才停止工作。

制冷装置的自动控制通常是由两个既相互独立又相互联系的系统共同实现的。这两个系统是冷库温度自动调节系统和压缩机自动控制系统。

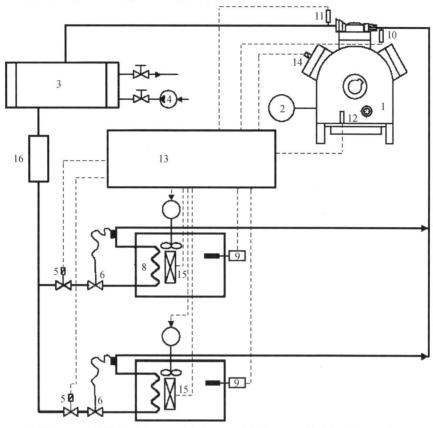

1—压缩机；2—压缩机电动机；3—冷凝器；4—冷却水泵；5—供液电磁阀；6—膨胀阀；
7—蒸发器风机；8—蒸发器；9—温度控制器；10—低压开关；11—高压开关；
12—油压开关；13—控制电路；14—卸载机构；15—融霜加热器；16—贮液器。

图 15 - 1　船舶制冷系统示意图

冷库温度自动调节系统:通过温度控制器(温度开关)9 来控制供液电磁阀 5 的通、断,再经过膨胀阀的自动调节,从而控制流入冷库蒸发器的冷剂量来实现温度自动调节。当冷库温度高于设定的上限温度时,温度开关闭合,供液电磁阀 5 打开,贮液器中的液态冷剂经供液电磁阀 5 流入膨胀阀 6,再经膨胀阀的自动节流,使流入蒸发器中的冷剂全部汽化,吸收冷库中的热量,使冷库温度降低,直到冷库温度降低到设定的下限值时,温度开关断开使供液电磁阀关闭,液态冷剂无法进入蒸发器而停止制冷。供液电磁阀关闭后,因回到压缩机吸入口的气态冷剂减少,压缩机吸入口的压力将降低。在这一过程中,在进行温度调节的同时,也使压缩机吸入压力发生变化。

压缩机的启停自动控制系统:压缩机的自动启停控制是通过装设在压缩机吸入口的低压开关 10 的通断来实现的。当系统中各冷库的温度全部达到设定的下限温度后,各冷库的供液电磁阀全部关闭,所有的液态冷剂都无法通过供液电磁阀进入蒸发器并回到压缩机的吸入口,于是压缩机的吸入压力越来越低,直至降低到低压开关设定的下限值时,低压开关动作(断开),使压缩机停止工作。而当某一个或多个冷库温度升高到设定的上限值时,相应的供液电磁阀打开,对应的冷库蒸发器又有冷剂流入并汽化而回到压缩机的吸入口,于是压缩机吸入口的压力升高,当升高到低压开关的设定上限压力时,低压开关动作(闭合),压缩机自动启动运行。这一过程实现了压缩机吸入口压力对压缩机的自动启停控制。

此外,为了使系统安全、高效工作,还应有相应的保护和控制环节:

(1)高压保护:当压缩机的排出口压力过高时,高压开关 11 断开,压缩机自动停止运行,以免损坏压缩机。

(2)油压保护:要使压缩机正常工作,应在压缩机运行后建立一定的滑油压力,若在压缩机启动后设定的时间内没有建立起滑油压力,则油压开关 12 断开,使压缩机停止工作。

(3)低温冷库的融霜控制:当低温冷库的蒸发器长时间工作后,会在蒸发器上结上一层厚霜而影响制冷效率,为此,在系统工作一定时间后,应由控制电路 13 发出信号,通过融霜加热器 15 进行融霜。

(4)压缩机的负荷控制:在大功率制冷压缩机启动时,如果负荷重载启动,因启动电流很大,将会对电网造成很大的冲击,最好能使压缩机在低负荷的情况下启动;在压缩机运行后,最好能使压缩机的输出自动按制冷量的要求变化。图 15-1 中的 14 正是这样的卸载机构,当系统的制冷量需求较低时,压缩机的吸入口压力较低(但在停机压力之上),控制器将输出信号使卸载机构 14 动作,压缩机在低负荷下运行。

15.1.2 船舶制冷系统控制电路工作原理

控制电路元件介绍:

OPS:滑油压力保护开关。工作原理:由压差开关、电加热元件和延时开关触点组成。在油压建立前,差压开关闭合,加热元件通电,若在设定时间(如 45 s)内建立起油压,则差压开关断开,延时开关触点不动作,否则延时开关触点断开。

HPS:高低压开关中的高压接点,排出压力高时断开。

LPS:高低压开关中的低压接点,吸入压力低于停机压力时断开。

LPC:卸载压力开关。当压缩机吸入压力降低到卸载设定值时,该开关触点闭合。

TH:温度开关。

MV:卸载电磁阀。当卸载压力开关触点 LPC 闭合时,MV 动作,带动卸载机构顶开吸气阀片,实现卸载及能量调节。

89:主开关。

SW,43:选择开关。

88,MC:主接触器。

AX,AU,HX,63X,88X,TX,5,4,84:辅助继电器。

T,63T,10:时间继电器。

3C,3T,3R:启动、停止、复位按钮。

51:压缩机马达过载保护继电器。

WL:白灯(电源指示灯)。

GL:绿灯(运行指示灯)。

RL:红灯(故障指示灯)。

BL:蓝灯(制冷指示灯)。

OL:白灯(融霜指示灯)。

1. RKS10F 制冷压缩机控制电路工作原理

RKS10F 制冷压缩机控制电路如图 15-2 所示。下面分析其工作原理:

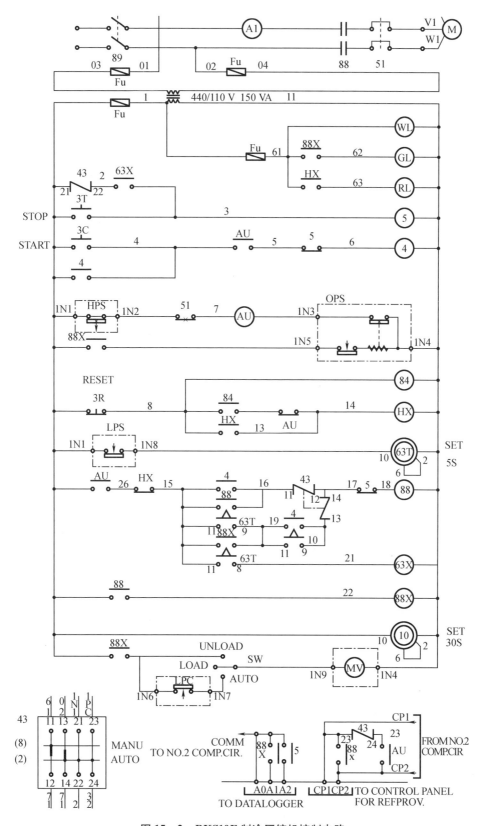

图 15－2　RKS10F 制冷压缩机控制电路

合上图 15-2 中的电源主开关 89,电源接通后,电源指示灯 WL 亮,表示电源正常。时间继电器 10 通电吸合,其触点 10(11,9)延时后闭合。辅助继电器 84 通电吸合,其常开触点闭合,为辅助继电器 HX 通电做好准备。当压力正常时,高低压开关的高压接点 HPS 闭合;在停机状态下,油压保护开关 OPS 闭合;压缩机电机不过载时,51 闭合,使辅助继电器 AU 通电吸合,它连接于 HX 线圈回路中的触点 AU 断开,4 线圈和 88 线圈回路中的触点 AU 闭合。在吸入压力不低的情况下,高低压开关的低压接点 LPS 闭合使时间继电器 63T 线圈通电吸合,其常开触点 63T(11,9)延时后闭合,常闭触点 63T(11,8)延时后断开,使线圈 63X 不能通电。

　　手动控制方式:将选择开关 43 打至"MANU"位置,其触点 43(11,12)闭合。当按下启动按钮 3C 后,中间继电器 4 通电吸合并自锁,其常开触点 4(15,16)、4(19,20)闭合,4(15,16)闭合使主接触器 88 通电吸合并自锁,其主触点闭合使压缩机启动运行;辅助触点闭合使线圈 88X 通电动作,从而使其触点 88X(61,62)闭合,运行指示灯 GL 亮;触点 88X(1N1,1N5)闭合使油压保护开关的加热元件通电加热;触点 88X(1N1,1N6)闭合为卸载电磁阀 MV 通电做好准备;触点 88X(15,19)也要闭合。还有两个触点 88X 也要闭合,一个触点闭合使记录器的外部电路导通,另一个触点闭合使 R/P COMP. INTER LOCK 的开关闭合。若要手动使压缩机停止工作,可按下停止按钮 3T,使辅助继电器 5 通电动作,其常闭触点 5 断开,使辅助继电器 4 和主接触器 88 失电,88 的主触头断开切断压缩机马达电源,压缩机停止工作。辅助触点断开使辅助继电器 88X 失电,从而使运行指示灯 GL 熄灭。

　　自动控制方式:将选择开关 43 打至"AUTO"位置,其触点 43(13,14)闭合。使主接触器 88 通电吸合并自锁,其主触点闭合使压缩机启动运行。以下情况同手动方式相同。直到压缩机的吸入压力低于 LPS 整定的下限值时,LPS 断开,时间继电器 63T 失电,其常开触点 63T(11,9)立即断开,常闭触点 63T(11,8)立即闭合。63T(11,8)闭合使线圈 63X 通电,从而使辅助继电器 5 通电动作,其常闭触点 5 断开,使辅助继电器 4 和主接触器 88 失电,88 的主触头断开切断压缩机马达电源,压缩机停止工作。辅助触点断开使辅助继电器 88X 失电,从而使运行指示灯 GL 熄灭。

　　保护:当压缩机排出压力过高使 HPS 断开,或滑油在规定时间内压力持续过低使 OPS 断开,或压缩机马达过载使压缩机马达过载继电器 51 断开时,辅助继电器 AU 失电,此时,88 线圈回路中的 AU 触点会断开,不管选择开关 43 在自动还是在手动控制方式,都会使主接触器 88 失电,压缩机都将被迫停止运行,起到保护作用。HX 线圈回路中的 AU 触点闭合使 HX 继电器通电吸合并自锁,HX(61,63)触点会闭合,故障指示灯 RL 亮表示故障停机。88 线圈回路中的 HX 触点会断开,确保压缩机不能启动,只有在重新启动压缩机时先按下"RESET"按钮使 HX 继电器失电,88 线圈回路中的 HX 触点闭合,为主接触器 88 通电做好准备。

　　能量控制:SW 为卸载方式选择开关,若开关 SW 放在"AUTO"位置,当压缩机的吸入压力下降到整定的卸载压力以下时,卸载压力开关 LPC 闭合,卸载电磁阀 MV 动作,带动卸载机构顶开吸气阀,压缩机卸载或卸缸轻载运行;若开关 SW 放在"LOAD"位置,电磁阀 MV 始终不能有电,压缩机不能卸载;若开关 SW 放在"UNLOAD"位置,只要压缩机运行,卸载电磁阀就能通电而强制卸载运行。

【课后练习】

任务实施	任务评价(满分10分)			得分
根据图15－1详细说明船舶制冷系统工作原理。	正确,合理,语言表达清晰、流畅(8～10分)	大致正确,语言表达清晰、流畅(6～8分)	不能清晰、流畅解释(0～5分)	

【项目小结】

　　本项目重点介绍了制冷设备的组成及工作原理,重点讲解了一个任务:船舶冷库的自动控制、船舶空调装置的自动控制。通过这个任务的学习,应掌握船舶冷库的组成及工作原理、能正确分析 RKS10F 制冷压缩机的控制电路工作原理。

参 考 文 献

[1] 刘明伟.船舶电力拖动[M].北京:人民交通出版社,2006.

[2] 李兰忖,曹金娟.电气控制与PLC[M].北京:清华大学出版社,2012.

[3] 王兵利,张争刚.电机与电气控制应用技术[M].西安:西安电子科技大学出版社,2013.

[4] 赵殿礼.船舶电气设备及系统[M].大连:大连海事大学出版社,2009.

[5] 张春来,汤畴羽.船舶电气[M].大连:大连海事大学出版社,2008.

[6] Stephen D. Umans.电机学:英文版[M].7版.北京:电子工业出版社,2013.

[7] 许实章.电机学[M].北京:机械工业出版社,1982.

[8] 汤天浩,韩朝珍.船舶电力推进系统[M].大连:机械工业出版社,2015.

[9] 赵晓玲.可编程序控制器原理及应用[M].大连:大连海事大学出版社,2005.

[10] 施春红.船舶电气设备及自动控制[M].哈尔滨:哈尔滨工程大学出版社,2002.